免許皆伝

家呑み道場

「帰って、即！」のかんたんおつまみ

給食系男子

Discover

「家呑み道場の心得」

一、家呑み上手は、もてなし上手！

一、旬の素材が手数を減らす！

一、「出来合い」もまた味である！

一、調味の仕上げは卓上で！

一、人生を豊かにする味は趣味、興味、風味である！

＼ふたたび／

こんにちは！給食系男子です！

「楽しく作って、おいしく食べたい！」

そんな男子（オッサン）が集まったユニットが「給食系男子」です。とにかく「作って食う」が大好きで、家に人を招いては食いまくり、遊びに行った友人宅でも作りまくる、欲張り料理人ユニットです。2012年春に刊行した『家メシ道場』にビックリするほどのご好評を頂き、今回図々しくも2冊目『家呑み道場』の出版と相成りました。

それぞれ畑違いの本職を持ちながら、「作る楽しみ」「食べる喜び」を味わい尽くすメンバーは、この半年でまた増えて14人に（2012年10月現在）。

さて『家メシ道場』に続き、今回の『家呑み道場』も、プロの料理人や、家庭料理のプロである主婦の方々のレシピとは、ひと味違います。メンバーの総力を挙げて挑んだのは、「つまみ」や「おかず」に特化したメニュー。

「呑み」というテーマではありますが、ほとんどのメニューは、家族のための「おかず」にもなる簡単レシピばかりです。

やはり、「つまみ」は手軽に作りたいもの。メンバー全員で頭を抱えながら、前回の（ほぼ）3ステップから、2ステップ（っぽい）レシピへと、さらに手順を減らしました。

ひとり呑みの友になり、友人や家族と作って食べれば、なおウマい！　お酒と一緒に食べれば、ちょっぴりカラダの助けになるメニューも盛りだくさん。

今回は「ゴージャス」版レシピも加えたので、「全メニュー1食（だいたい）100円」の縛りは外しましたが、つまみ一人前の平均単価は100円以下！

安くて旨くて、カラダによくて、運がよければちょっぴりモテたりするかもしれない「つまみ」や「おかず」を、どうぞ僕らと一緒に作ってみてください。

それではみなさん、ご唱和ください。いただきます！

給食系男子一同

目次

この本の使い方…6
基本の調理道具…8
基本の調味料・油…10
最強ゆで卵道リターンズ…12
「むき方」の掟…13
「黄身・白身の分け方」の掟…14

第一章 1人でササッと…15

焼き油揚げ…16
焼きトマト…17
タルタル半熟卵…18
しらたきの中華風ペペロンチーノ…19
バカウマ野菜炒め…20
塩ゴマ冷や奴…21
みそコーンバター…21
トマトとキャベツのポン酢しょうゆ…22
豚肉のケチャップソース炒め…23
雷豆腐ステーキ…23
ブロッコリーのアーリオオーリオ…24
パリパリしらすチーズ焼き…25
小松菜のフローズンおひたし…25
鮭の焼きびたし…26
豚肉のたまご煮…26
塩ゴマキャベツ…27
キムやっこ…27
温泉風卵…27
手作りなめたけ…28
鮭トバの酒びたし…28
うめわさび…29
おかかタマネギ…29
海苔の佃煮…29
【お役立ちコラム】
うまい「家呑み」のコツ…30

第二章 2人で気軽に…31

トマトと牛肉の炒め…32
湯豆腐…33
タコのマリネ…34
チーズベジタブル…35
まるごと焼きピーマン…36
豚肉みそ焼き…37
野菜スティックヨーグルトソース…37
ブリの照り焼き…38
ニラのおひたし…39
中華風コーンスープ…39
紅ショウガのかき揚げ…40
トマトエッグ…40
しっとり卵サラダ…41
キャベツのコンビーフ炒め…41
ナスの浅炊き…41
鮭のマヨネーズ焼き…42
ししとうじゃこ炒め…42
梅酒うめきゅう…43
ぶなん炒め…43
ピリ辛こんにゃく…43
フライパンで焼きリンゴ…44
特濃水きりヨーグルト…45
即席リンゴジャム…45
【覚えておきたい野菜のむき方・切り方】
リンゴ編…46

第三章
3人以上でワイワイ…47

ヘルシータラコディップ…48
マヨ缶ディップ…49
揚げないハッシュポテト…50
超かんたんチャーシュー…51
鶏のコーラ煮…52
粥しゃぶ…53
とり天…54
塩辛バーニャカウダ…55
砂肝のガリガリごりごり炒め…55
ブロッコリーとポテトの塩辛マヨネーズ…56
明太ジャガチーズ…56
餃子せんべい…57
もやしナムル…57
五色《ごしょく》納豆…57
カレーフォンデュ…58
トマトの煮びたし…58
ジューシーゆで鶏…59
牛肉のまきまきステーキ…59
凍りトマト…60
バナナのスイートグラタン…60
手作りリコッタチーズ…61
カプレーゼ…61
ラッシー…61
【覚えておきたい野菜のむき方・切り方】
トマト編…62

第四章
市販のお総菜&定番食材の使い回し…63

【鶏のからあげ（市販）の使い回し】
酢鶏…64
鶏からの南蛮漬け…65
鶏からあげの甘辛煮…65
保存&使い回しのコツ…65
【アジフライ（市販）の使い回し】
アジフィレオサラダ…66
アジフライのチーズ焼き…67
がっつりアジフライ丼…67
保存&使い回しのコツ…67
【コロッケ（市販）の使い回し】
コロッケサンド…68
コロッケスープ…69
告白オムレツ…69
保存&使い回しのコツ…69
【もちの使い回し】
もちチーズ焼き…70
もち豚鍋…71
からみもち…71
保存&使い回しのコツ…71
【白菜の使い回し】
とり白菜鍋…72
塩昆布白菜…73
白菜のクリーム煮…73
保存&使い回しのコツ…73
【ネギの使い回し】
長ネギのポトフ…74
長ネギ焼き…75
ネギたっぷり焼きみそ…75
保存&使い回しのコツ…75
【大根の使い回し】
豚と大根のスライス鍋…76

ツナと大根のさっぱりサラダ…77
大根のはちみつ漬け…77
保存&使い回しのコツ…77

【山芋の使い回し】
山芋どうふ…78
ゆかり山芋…79
山芋ソテー…79
保存&使い回しのコツ…79

【クリームチーズの使い回し】
塩昆布クリームチーズ…80
クリームチーズの塩辛和え…81
クリーミートマトガーリック…81
保存&使い回しのコツ…81

【アボカドの使い回し】
アボカドソテー…82
アボカドトースト…83
アボカドのクリームチーズ和え…83
保存&使い回しのコツ…83

【覚えておきたい野菜のむき方・切り方】
アボカド編…84

第五章
3ステップで〆の一品…85
炒めない焼きうどん…86
半熟チキン卵ライス…87
超半熟ぜいたく卵かけごはん…88
納豆カルボナーラ…89
サケ寿司…89
きちんと定番ナポリタン…90
バターしょうゆライス…91
サーファー麺…91
きのこのチーズリゾット…92
アヒ・ポキ丼…93
ツナマヨごはん…93
刺身昆布茶〆茶漬け…94
天かすにぎり…95

大人の家呑み力検定…96

給食系男子プロフィール紹介…102

（付録）
給食系男子の本気の鉄板ツマミ…104
牡蠣《かき》のオイル漬け…104
サバタマネギ…105
かんたんローストポーク…106
豚とレタスのレモン鍋…107
伊勢うどん風ヘルシーぶっかけうどん…108
ベトナム炒め…109
シーフードミックスのアヒージョ…110
油揚げのばくだん…111
ニンジンのはちみつレモン酢漬け…112
丸ごとガーリックトースト…113
塩辛トマトパスタ…114
牛モモミルク煮…115
かんたんチョリソー…116
鶏肉と小松菜のサッと煮…117

（索引）
合う酒別索引
調理法別一覧（主要）
材料別一覧（主要）

＜この本の使い方＞

作り方は（ほぼ）2ステップ。誰でも楽しく簡単に作れます。

メモ欄ではおいしく仕上げるコツ、さらにおいしく食べるためのヒントを紹介。

材料・調味料の分量はあくまでも目安です。味見をしながら、お好みの味を探ってみてください。

焼き油揚げ

壱 オーブントースターで油揚げを焼く。5〜6分が目安。

弐 ほどよい焼き色がついたら取り出し、一口大に切り、七味、小口切りにしたネギ、しょうゆをかける。

メモ しょうが（チューブ）、大根おろしなどを添えてもおいしい。フライパンや魚焼きグリルでも焼くことができる。

【材料】つまみ 二人〜三人分　おかず 二人分

油揚げ…1枚

調味料・油
しょうゆ…適量
ネギ・七味唐辛子…各適量

16

各つまみに「合うお酒」「合う主食」を厳選し、アイコンで紹介。基本的に「つまみ」表記のあるものは、どのお酒にも合いますが、銘柄や飲み方によっても変わるので、好みの組み合わせを探してみてください。

＜アイコンの見方＞

日本酒によく合う	ビールによく合う
ごはんによく合う	ワインによく合う
パンによく合う	焼酎によく合う

◎本文中に表示した分量表記の基本は大さじ1＝15㎖、小さじ1＝5㎖、1カップ＝200㎖です。

◎めんつゆは3倍濃縮のものを基本としています。ストレートタイプなど濃縮度が違うものは味を見ながら加減してください。

◎パスタは、1%の塩を加えた熱湯でゆでます。袋に表示された時間よりも1分ほど早く引き上げると、食べるタイミングでちょうど良いゆで加減に。

◎ジャガイモやニンジンなどの根菜は水からゆで、ホウレン草や小松菜などの葉もの野菜はお湯からゆでるのが基本。根菜を電子レンジにかけるときは水をくぐらせ、ラップをかけてから加熱します。もちろん調理前には流水できれいに水洗いしてください。

◎フッ素樹脂加工のフライパンは油を入れてから加熱。鉄のフライパンはよく熱してから油を入れましょう。

◎IHクッキングヒーターは鍋を置いたまま調理します。鍋底を持ち上げるとスイッチが切れるものも。

◎電子レンジの加熱時間は600Wの場合の目安です。500Wなら1.2倍、700Wなら0.8倍の加熱時間にしてください。ただし、メーカーや機種によって異なる場合があるため、様子を見ながら加減してください。

基本の調理道具

少ない調理道具でパパっと作れるのが「家呑み」の魅力であり、楽しむコツでもある。〝最低限〟からスタートし、食べたいもの・食べてもらいたいものに応じて揃えていこう。

まず揃えたい調理道具

包丁

刃渡り18～20㎝くらいの三徳包丁（文化包丁）が便利。

まな板

手入れがラクなのはプラスチック製。サイズは調理スペースに合わせて選ぶ。

おたま

鍋やフライパンを傷つけにくい材質のものを選ぶといい。

○フッ素樹脂加工がおすすめ

フッ素樹脂加工のフライパン

直径20㎝程度、深さ6～7㎝くらいのものがおすすめ。炒め物から蒸し物、煮物までフライパンひとつでカバーできる。

鍋

直径18㎝程度の片手鍋があると、みそ汁や袋麺まで対応できる。揚げ物好きなら、さらに小ぶりな鍋を持っておくと少量の油で揚げられる。

あると便利！

ボウル
手入れがしやすいステンレス製を大小ひとつずつ揃えておきたい。

ザル
手持ちのボウルにぴったり合うサイズを選んでおくと何かと便利。

菜《さい》ばし
揚げ物をするなら、菜ばしはマストアイテム。長めのものをひとつ持っておくと重宝する。

計量カップ
目盛が読みやすいものを選ぶ。

計量スプーン
大さじ（15㎖）、小さじ（5㎖）、小さじ1／2（2.5㎖）の3サイズあるといい。

木ベラ
柄が長めのものが使いやすい。

アルミホイル
オーブントースターを使用するとき、食材の下に敷いたり、食材を包んで蒸し焼きにするなど大活躍。電子レンジ加熱はNG。

耐熱皿
オーブントースターや電子レンジでの加熱もOKなので、〝ほったらかし調理〟が可能。100円ショップなどでも購入できる。

土鍋
鍋料理はもちろん、ごはんや粥も炊ける。水分をたっぷり含んだ料理が得意。一人用の小さいサイズなら、100円ショップなどでも購入可能。

ターナー（フライ返し）
食材の上下を返したり、フライパンから器によそったり、オムレツの形を整えるなど、八面六臂《はちめんろっぴ》の大活躍。耐熱性のあるシリコン製を選ぶといい。

◯耐熱性のあるシリコン製が使いやすい

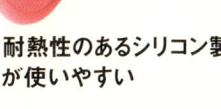

基本の調味料・油

うまい「家呑み」に欠かせない基本の調味料と油。100円ショップなどを活用し、まずは使い切れるコンパクトなサイズを揃えてみよう。

最低限揃えたい

砂糖

湿気に弱いため、使う分だけ密閉容器に移し替えておく。

塩

さまざまなミネラル分を含む「天然塩」は精製塩より味がまろやか。料理にも、卓上での調味にも使いやすい。

しょうゆ

レシピに登場するの「しょうゆ」は、濃口しょうゆを指す。しょうゆに柑橘類の果汁を加えた「ポン酢しょうゆ」、だしや調味料を配合した「だし醤油」なども、手軽なつまみのバリエーションを広げてくれる。

みそ

日本各地にさまざまな味わいのものがある。好みのものを選ぼう。

こしょう

何かと便利なのは、あらかじめ挽いてある黒こしょう。塩と混ぜてある「塩こしょう」より、こしょう単品のほうが味の調整をしやすい。

サラダ油

炒め物から揚げ物までさまざまな料理に欠かせない名脇役。揚げ油として使ったときは冷めた後、古新聞やペーパータオルで吸い取って捨てる。油の汚れをこすことができるオイルポットを用意すれば、再利用も可能。

めんつゆ

手早くつまみを作る上で外せないマストアイテム。「バカウマ野菜炒め」（P20）、「ししとうじゃこ炒め」（P42）など、調味料として大活躍してくれる。この本では「3倍濃縮」を使用。

あると便利！

みりん

料理に甘みとコクを加え、照りを出す。

「ブリの照り焼き」（Ｐ38）のように、他の調味料と一緒に使うことが多い。

マヨネーズ

そのまま料理にかける以外に、「ヘルシータラコディップ」（Ｐ48）のように、味に深みを加えるのにも役立つ。

トマトケチャップ

そのまま料理にかけるのはもちろん、「クリーミートマトガーリック」（Ｐ81）のように、トマト味を加えたいときにも便利！

オリーブオイル

洋風おつまみを作りたいときに大活躍。炒め油のほか、オイルソースやドレッシングにも向いていて、バター代わりにパンや野菜につけても旨い。

ゴマ油

独特の香ばしい香りが食欲をそそる。ひとたらしするだけで本格的な中華風に！

おろしにんにく・しょうが

スタミナ系つまみが好きな人の必需品。チューブ入り調味料で揃えておくと、必要な分だけ手早く使える。

七味唐辛子

辛みを足したいときはもちろん、どうにも味が決まらないときの救世主にもなる。パラパラとふりかけるだけで、ビシッと味を引き締めてくれる。赤唐辛子代わりに使うなら、一味唐辛子という選択肢も。

赤唐辛子

丸ごと入っているものと輪切りタイプがある。全体に味をなじませるなら丸ごと、より辛みを出したいときは輪切りタイプを選ぶといい。

ゆずこしょう

ゆずの爽やかな香りと青唐辛子の辛みが食材の旨みを引き出す。「超かんたんチャーシュー」（Ｐ51）や「ゆで鶏」（Ｐ59）などの肉料理にも、「鮭の焼きびたし」（Ｐ26）のような魚料理にも合う。

天ぷら粉

誰でも手軽に天ぷらが揚げられるよう、小麦粉にコーンスターチや卵黄、ベーキングパウダーなどが加えられたミックス粉を指す。

最強ゆで卵道 リターンズ

『家メシ道場』で「失敗しなくなった！」と喜びの声が続々と寄せられた「最強ゆで卵道」。再掲に加えて新バージョンも！　「ゆで卵」の決定版にして超保存版。もうゆで卵で失敗はさせません！

一、卵のお尻に穴を開けるべし！

卵のお尻——尖っていないほうには、空気の部屋のような「気室」がある。この部分を狙って、押しピンなどで穴を開けるとゆでている間、空気の逃げ道ができる。ヒビが入りにくくなる上に、カラもむきやすくなる。

一、「水」ではなく「熱湯」に入れるべし！

卵はかぶる程度の「熱湯」から入れることで、黄身の固さを高い精度でコントロールできる。卵の大きさや温度にもよるが、トロトロ半熟なら6分〜6分30秒、しっとり半熟なら7分30秒、しっかり固ゆでなら10分が目安。塩もお酢もいりません。

一、優しく入れ、静かにゆでるべし！

美しいゆで卵を作るには、①ゆでる直前にヒビをチェックし、②お玉や網じゃくしで静かに鍋底に置く。さらに③鍋の中で卵同士がぶつからないよう、ポコポコ沸騰させない。この3点を徹底することが、ゆで卵師範代への第一歩目である。

節約系 ゆで卵の掟

時間はないけど、フタはある！ならば、鍋に深さ1cmほどの熱湯があれば、手軽にゆで卵を作ることができる。浅く張った湯に、お尻に穴を開けた卵を置き、鍋にフタをするだけ。湯に浸かっていない部分も蒸されて、全体が加熱される。時間の目安も基本形と同様。お湯が蒸発しないようにだけ、気をつけて！

「むき方」の掟

一、ゆであげたら、即座に冷水で冷やすべし！

ゆであげた後、一気に冷やす。すると、カラのサイズは変わらないが、白身のサイズはキュッと小さくなる。つまり白身のカラ離れがよくなり、余熱による黄身への火の入りすぎや、変色防止にも役立つ。この時点で「むき」は始まっていると言っても過言ではない。

一、カラ全体に細かくヒビを入れるべし！

とりわけやわらかい半熟卵の場合、カラを一度に大きくむくと、卵のカーブの内側に白身がくっついてしまうことも。スプーンやトングの背などでカラに細かなヒビを入れると、卵の曲線に沿うようにカラをはがすことができ、失敗が少なくなる。

一、水中か流水下でカラをむくべし！

卵のカラをむく際には、水中か、むいている場所を弱い流水に当てながらむく。薄皮と白身の間に水が入り込んで、つるつるむけるようになる。ただし、中には手強い卵もあるので、くれぐれも油断するべからず。

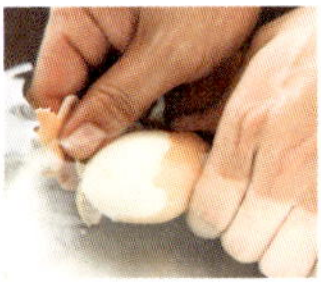

さらに、こんな方法も！

卵のお尻に穴を開けるとき、押しピンがなければお尻にコツンとヒビを入れてもOK。ただし、ヒビが広範囲に渡ってしまうと、「ニュルン」と白身が飛び出す現象につながるので、力加減には十分気を配りたい。

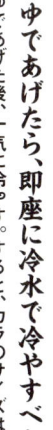

「黄身・白身の分け方」の掟

世に数あるレシピには「白身だけ」「黄身だけ」を使うものもある。でもその分け方は？　残った部分をどう使う？　そんなときには、このページを思い出そう！

一、カラは両手でそっと割るべし！

黄身と白身を分けるには、左右のカラの間を移動させることが必要になる。まずはカラがきれいに割れるよう、ガイドラインになるようなヒビを作り、割る途中でそっと中を覗く。黄身がある側のカラを下にして、もう一方のカラをフタを外すようなイメージで開く。最初が肝心！

一、黄身と濃厚卵白を切るように分けるべし！

新鮮な卵の場合、黄身はまわりに粘度の高い「濃厚卵白」をまとっている。空いたほうのカラの断面をナイフに見立て、黄身と白身を切り分ける。カラが入らぬよう、きれいに割れた断面部分を使う。

一、カラに引っかからぬよう、黄身をキャッチボールすべし！

左右のカラの間を断面にかからないよう、黄身を移動させる。黄身が割れないよう、断面のギザギザが少ない箇所を選んで、1～2往復。濃厚卵白を切り分ける前に、移動させると、黄身が引きずられて落ちてしまうこともあるので、注意が必要だ。

黄身、白身の使用例

余った白身、黄身は思いのほか、使い道が多い。本来は全卵を使うレシピでも、「卵白だけ」「卵黄だけ」使ってみることで、かえって世界が広がる。どちらかだけでも使えるのが、汁物やスープの具、納豆のつなぎ、卵かけごはん、揚げ物の衣など。卵白は、「具」の万能選手。炒め物の具など幅広く使うことができ、冷凍保存も可能。卵黄は「ソース」代表。おひたしにのせたり、鍋のつけダレのベースにしたり。ハムやソーセージのソース代わりにも。

第一章

1人でササッと

仕事から帰ってきた後や、
ちょっと飲みたいときに
サッと作れる一品は、ひとりの時間を
ぜいたくな時間に変えてくれます。
もちろん夕食が「どこかさみしい」ときの
補強おかずとしても、しっかり使えます！

焼き油揚げ

壱 オーブントースターで油揚げを焼く。5〜6分が目安。

弐 ほどよい焼き色がついたら取り出し、一口大に切る。小口切りにしたネギをのせ、しょうゆをかける。好みで七味唐辛子をふる。

メモ しょうが（チューブ）、大根おろしなどを添えてもおいしい。フライパンや魚焼きグリルでも焼くことができる。

［材料］ つまみ 二人〜三人分　おかず 二人分

油揚げ…1枚
ネギ…適量

調味料・油
しょうゆ…適量
七味唐辛子・おろししょうが（チューブ）・大根おろし（好みで）…各適宜

焼きトマト

壱 ヘタを水平に切り落としたトマトを横に2等分し、断面の広いほうを上に向け、面全体に、にんにく（チューブ）とオリーブオイルを塗る。

弐 下皿を敷いたオーブントースターで、10〜15分焼き、しょうゆをたらす。

メモ 断面が盛り上がってくる頃が仕上がりの目安。焼き込んで焦げ目をつけたり、好みで塩や粉チーズをふってもいい。

［材料］ つまみ 二人〜三人分　おかず 二人分

トマト…1個

調味料・油

おろしにんにく（チューブ）…1cm
オリーブオイル…小さじ1/2
しょうゆ…小さじ1/2
塩・粉チーズ（好みで）…各適宜

タルタル半熟卵

壱 P12の要領で、ゆで卵を作る（ゆで時間は5分半）。ゆでている間にタマネギをみじん切りにする。

弐 カラをむいた卵に糸を縦にグルッと一周させ、そのまま引っぱって半分に切り、マヨネーズとタマネギのみじん切りをのせる。

メモ
切らずにマヨネーズとタマネギを少しずつのせて、上からかぶりつくのも旨い！

［材料］ つまみ 二人分　おかず 一人分

卵…1個
タマネギ…1/8個

調味料・油
マヨネーズ…適量

しらたきの中華風ペペロンチーノ

壱 しらたきは熱湯を回しかけてアクを抜き、ザルにあげて約10㎝の長さに切る。フライパンにゴマ油、にんにく（チューブ）、赤唐辛子を入れ、中火にかける。

弐 ジューッという音がしたら、しらたきを入れ、強火で炒める。水分がなくなったらしょうゆと炒りゴマ（あれば）を入れひと混ぜする。

メモ 鶏肉やハム、ベーコンを具にしたり、和風や中華の顆粒だしでうまみを加えてもいい。

［材料］ つまみ 二人分　おかず 一人分

しらたき…1/2袋（90g）

調味料・油
ゴマ油…小さじ1
おろしにんにく（チューブ）…1cm
赤唐辛子（輪切り）…適量
しょうゆ…大さじ1
炒りゴマ（あれば）…適宜

バカウマ野菜炒め

壱

鍋に湯（分量外）を沸かし、水洗いした野菜炒めミックスを入れ、火を止めて30秒で引き上げる。残り湯で、一口大に切った豚肉をサッと洗う。

弐

フライパンにサラダ油とにんにく（チューブ）を入れ、強火にかける。ジューッと音がしたら具材とめんつゆを入れ、全体をしっかりまぜ、塩、こしょうで味を調える。

メモ

野菜はあらかじめ下ゆでですることで均等に加熱され、炒めたときにシャキッとした味わいに。肉も50～70℃のお湯で洗っておくことで、やわらかく仕上がる。炒め時間は1分以内に。

［材料］ つまみ 二人～三人分　おかず 一人分

野菜炒めミックス…1袋
豚こま切れ肉
（または豚バラ薄切り肉）…80g

調味料・油
サラダ油…大さじ1/2
おろしにんにく（チューブ）…約2cm
めんつゆ（3倍濃縮）…大さじ2
塩・こしょう…各適量

塩ゴマ冷や奴

［材料］ つまみ 一人分
おかず 一人分

豆腐（絹／木綿）…1/2丁
（コンビニの3パックサイズ）
ネギ…5cm

調味料・油
ゴマ油…小さじ1
削り節…適量
塩…ひとつまみ

壱 豆腐にゴマ油をかける。

弐 小口切りにしたネギと削り節をちらし、塩をふる。

メモ
豆腐にゴマ油をかけておくと風味が増す。塩の代わりにしょうゆでも旨い。

みそコーンバター

［材料］ つまみ 二人〜三人分
おかず 一人〜二人分

コーン缶
（ホールタイプ・小）…1缶

調味料・油
みそ…小さじ1
バター…5g（ひとかけ）

壱 中火にかけたフライパンにバターを溶かす。

弐 ざっと水をきったコーンとみそを炒める。みそを溶かし、水分をあらかた飛ばす。

メモ
しょうゆ味が定番だが、みそもまた違った味わいに。

トマトとキャベツのポン酢しょうゆ

壱 鍋に湯（分量外）を沸かし、一口大にちぎったキャベツを1分ゆでる。トマトは2㎝角ほどのさいの目に切る。

弐 壱に、ポン酢しょうゆ、塩昆布を混ぜる。

メモ
塩昆布がなければ、昆布茶や、「お茶漬け海苔」をあえてもいい。塩昆布、ポン酢のどちらもなければ、めんつゆに酢やレモン汁を加える手も。

［材料］ つまみ 二人～三人分　おかず 一人分～二人分

キャベツ…2～3枚
トマト…1個
塩昆布…適量

調味料・油
ポン酢しょうゆ…大さじ1

豚肉のケチャップソース炒め

［材料］ つまみ 二人分
おかず 一人分

豚こま切れ肉
（または豚バラ薄切り肉）
…80〜100g

調味料・油
サラダ油…小さじ1/2
ソース・ケチャップ
…各小さじ1

壱 豚肉は一口大に切る。フライパンにサラダ油を入れ、中火にかける。

弐 豚肉、ソース、ケチャップをフライパンに入れ、からめるように炒める。

メモ 具や調味料は鍋肌に炒りつけ、焦がすように炒めると風味がUPする。お弁当のおかずにも◎。

雷豆腐ステーキ

［材料］ つまみ 二人分
おかず 一人分

絹ごし豆腐…1/2丁
ネギ（あれば）…適宜

調味料・油
オリーブオイル…大さじ1
おろしにんにく（チューブ）
…2cm
塩（またはしょうゆ）…各適量
七味唐辛子（好みで）…適宜

壱 フライパンにオリーブオイルとにんにく（チューブ）、厚さ1cm程度に切った豆腐を入れ、中火にかける。

弐 塩ひとつまみをふったらフタをして、3分ずつ両面を焼く。

メモ 水分が油ハネしやすいので、フタは必須。味つけは塩かしょうゆで。好みで七味唐辛子をふる。

ブロッコリーのアーリオオーリオ

壱 鍋に1％の塩を加えた湯（分量外）を沸かし、一口大に小分けにしたブロッコリーを2分ゆでる。

弐 フライパンにオリーブオイル、にんにく（チューブ）を入れ、中火にかける。ざっと湯をきったブロッコリーを入れ、強火にしてひと混ぜする。

メモ ゆでるお湯は、ブロッコリーがかぶる程度でOK。ゆで汁の塩気を味つけにも使う。

［材料］ つまみ 二人～三人分　おかず 一人～二人分

ブロッコリー…1/2株

調味料・油

オリーブオイル…大さじ1
おろしにんにく（チューブ）…2cm
塩…適量

パリパリしらすチーズ焼き

［材料］ つまみ 一人分
おかず 一人分

スライスチーズ
（とろけるタイプ）…1枚
しらす干し…小さじ1

壱 フッ素樹脂加工のフライパンか鍋にチーズを敷き、弱火にかける。チーズが溶けてきたら、しらす干しをのせる。

弐 中火にし、菜ばしで形を丸く整える。フチが固まり始めたら、ひっくり返し、約20秒焼いて火を止める。

メモ
オーブンシートを敷いたオーブントースターで、5分ほど焼いてもいい。

小松菜のフローズンおひたし

［材料］ つまみ 一人分
おかず 一人分

小松菜…1株

調味料・油
しょうゆ…適量
削り節…適量

壱 生の小松菜を冷凍する。

弐 流水で解凍し、軽くしぼり、4～5cm幅に切る。好みで、削り節としょうゆをかける。

メモ
ざく切りにしてビニール袋に入れて冷凍すると、使用量が調整しやすい。アク抜きが必要なほうれん草などは避ける。

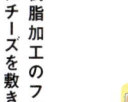

鮭の焼きびたし

[材料] つまみ 一人分
おかず 一人分

生鮭…ひと切れ

調味料・油

しょうゆ…大さじ1
酒…大さじ1
酢…大さじ1
砂糖…小さじ1

壱 生鮭を魚焼きグリル、またはフッ素樹脂加工のフライパンで皮目から両面焼く。

弐 調味料をすべて合わせたものに、焼きあげた鮭をアツアツのうちに漬ける。

メモ 数時間寝かせると味がさらになじむ。子ども用には酒を煮切って。

豚肉のたまご煮

[材料] つまみ 二人～三人分
おかず 一人～二人分

豚こま切れ肉（または豚バラ薄切り肉）…50g
タマネギ…1/4個
卵…1個
ネギ（あれば）…適宜

調味料・油

めんつゆ（3倍濃縮）…大さじ3
水…大さじ3

壱 タマネギは5㎜幅に、豚肉は3～4㎝幅に切り、卵を溶いておく。タマネギとめんつゆ、水を鍋に入れ、中火にかける。

弐 ひと煮立ちしたら、豚肉を入れ、再び煮立ったら卵を回しかけ、フタをして火を止める。

メモ 火を止めてから、30秒～1分後が食べ頃。好みでネギの青い部分などをちらす。

塩ゴマキャベツ

壱 キャベツを3〜5cm四方にカットする。

弐 ゴマ油、塩を加え、しっかり混ぜる。

メモ しっかり混ぜることで、味がなじむ。にんにく（チューブ）を加えるとコクがグンとUP！

［材料］
つまみ 二人〜三人分
おかず 一人〜二人分

キャベツ…2〜3枚

調味料・油
ゴマ油…大さじ1
塩…小さじ1
おろしにんにく（チューブ）…適宜

キムやっこ

壱 豆腐を半分に、キムチを1cm幅に切る。

弐 豆腐の上にキムチをのせる。

メモ みそ汁に入れれば簡単キムチ鍋に。ゴマ油やラー油を数滴たらすと、風味が変わる。

［材料］
つまみ 二人分
おかず 一人分

キムチ…適量
豆腐…1/2丁

温泉風卵

壱 鍋に卵がかぶる程度の湯を沸かし、火を止める。水で濡らしたペーパータオル1枚か、ティッシュ数枚で卵を包み、湯に入れる。

弐 そのまま30〜40分、放置する。

メモ 鍋、卵、湯量など諸条件で仕上がりが変化する。フタの有無や湯量などで微調整をかけて。

［材料］
つまみ 一人分
おかず 一人分

卵…1個

調味料・油
しょうゆ…適量

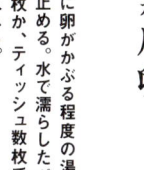

手作りなめたけ

［材料］つまみ 四人分
おかず 二人分

えのきだけ…１袋

調味料・油
しょうゆ…大さじ3
みりん…大さじ3（なければ、酒大さじ3＋砂糖大さじ1）
水…大さじ3

壱 えのきだけは、根本を切り落とし、三等分にする。

弐 鍋に調味料をすべて入れ、中火にかける。沸騰したら、えのきだけを入れ、数分間煮つめる。

メモ なめたけは冷凍保存可能。余りそうなら、小分けにして冷凍庫へ。

鮭トバの酒びたし

［材料］つまみ 四人分

鮭トバ…1袋

調味料・油
日本酒…3/4カップ（150㎖）

壱 鮭トバを細かくちぎる。

弐 日本酒に10分ほどひたす。

メモ 完全大人向け。鮭トバは薄くスライスしてもOK。いい日本酒を使うほど、旨くなる。

うめわさび

壱 梅干しの種を除き、包丁でなめらかになるまでたたく。

弐 さっくりと、わさびを混ぜる。

メモ わさびの量は梅の半量くらいを目安に、お好みで調整を。

[材料]
つまみ 一人分
おかず 一人分

梅干し…適量

調味料・油
わさび（チューブ）…適量

おかかタマネギ

壱 タマネギを薄くスライスし、水にさらす。

弐 タマネギの水気をよくきり、削り節、しょうゆをかける。

メモ タマネギに塩をふり、しんなりさせてから水にサッとさらすと、風味がよくなる。

[材料]
つまみ 二人分
おかず 一人分

タマネギ…1/2個

調味料・油
削り節…1パック
しょうゆ…適量

海苔の佃煮

壱 焼き海苔を細かくちぎり、すべての調味料と一緒に鍋に入れ、弱火にかける。

弐 海苔に水分を吸わせるように、菜ばしでかき混ぜながら煮つめる。ペースト状になったら火を止める。

メモ 味つけ海苔や、しけった海苔でもおいしくできる。

[材料]
つまみ 二人～三人分
おかず 一人分

焼き海苔（全型）…1枚

調味料・油
しょうゆ…大さじ2
酒（あれば）…大さじ2
水…1/2カップ（100mℓ）

お役立ち
Column

うまい「家呑み」のコツ

手数を減らす

手数をかけた凝った料理は、高度な技術と知見があって初めて成立します。料理に限らず、手数というものはかけた分だけ、失敗するリスクが高くなるもの。手数を減らせば失敗する可能性も少なくなり、万が一の失敗にもリカバリーがききやすくなります。

味は決めすぎない

味は最終的に食べ手の主観によるものです。手順同様、味も「あれを足したら」「これを足したら」とあれこれいじりまわすほど、取り返しがつかなくなってしまいます。味つけに迷ったときには、「足りなかったら、足してね」との一言を添えて、最後の調味は卓上に預けましょう。「一人呑み」でもお酒に合わせた微調整を。

味のアウトソーシング

本書にはお店のお総菜コーナーにもあるような、からあげ、アジフライ、コロッケなどの「翌日に残りがちな食べ物」も「食材」として掲載しています。調味料に加えて、塩昆布やチーズ、カレールウ、塩辛など、すでに味が決まっている素材を上手に使うことも「うまい家呑み」への近道。もちろん「残さず、おいしく食べる」のは大前提です。

道具を限定する

本書にはオーブンや魚焼きグリルがないと作れないようなレシピはありません。手順や味と同様、使う道具を増やすほど、料理はややこしくなってしまいます。使う道具を少なくすれば、「うまい家呑み」に近づくばかりか、洗い物も減らせます。

旬の素材をいかす

旬の素材は値段が安く、栄養価も高く、何よりおいしいもの。釣りたての新鮮な魚や、畑で収穫したての野菜に象徴されるような、食材の味わいがしっかりした旬の食材は、それだけで料理になるほどの旨みがあふれています。「旬」という味のガイドに導いてもらえば、おのずと道は開けます。

「サッと」は楽しい気づかい

サッとおいしい料理を作るのは、それ自体ゲームのような楽しさもありますが、誰かのために作ると、「えっ!?　もうできたの?」「サッと作れてすごい」など、会話のきっかけにもなります。ホームパーティのときなど、最初にサッと軽いものを出すのも、相手を待たせない気づかいのひとつです。

第二章

2人で気軽に

「ふたりで家呑み」の位置づけは、人それぞれ。濃密な時間を過ごしたい人もいれば、ゲームなどしながらついでの「つまみ」がほしい人も。きちんとしたおかずから超手軽なおつまみまで、「気軽に」作れる、ふたり向けのおつまみ&おかずメニューをそろえてみました。

トマトと牛肉の炒め

壱 牛肉は一口大に切り、めんつゆと混ぜる。トマトは縦に八等分、放射状のくし形に切る。

弐 フライパンにサラダ油を入れ、強火にかけ、牛肉とトマトを肉の色が変わるまで炒める。

メモ ハムやベーコン、ランチョンミートやコンビーフ、魚肉ソーセージなどを使うなら、味つけは塩、こしょうのみでもＯＫ！

［材料］ つまみ 二人分　おかず 一人分

牛こま切れ肉（または牛バラ薄切り肉）…60g
トマト…1個

調味料・油
めんつゆ（3倍濃縮）…大さじ2
サラダ油…小さじ1/2

湯豆腐

壱 ネギは薄く斜め切りにし、豆腐は四等分する。ひたひたの水とともに、小鍋に入れ、弱火にかける。

弐 小鉢にポン酢しょうゆと塩昆布を入れたつけダレを用意する。鍋の中の豆腐がクラッと動いたら食べ頃。

メモ
湯豆腐は煮立たせないのが鉄則。80℃以下をキープするだけで、驚くほど豆腐の風味が感じられるようになる。

［材料］ つまみ 二人分　おかず 一人分

絹ごし豆腐…1/2丁
ネギ…1/4本（10～15cm）

調味料・油
ポン酢しょうゆ…適量
塩昆布…適量

タコのマリネ

壱 タコは一口大に、タマネギは薄くスライスする。

弐 みそを酢でのばし、オリーブオイルとよく混ぜたものに壱を混ぜ、10分置く。

メモ 酢は、あれば黒酢やバルサミコ酢を使うと、味わいが深くなる。

［材料］ つまみ 三人～四人分　おかず 二人分

タコ（刺身用）…100g
タマネギ…1/4個

調味料・油
みそ…大さじ1/2
酢…大さじ1/2
オリーブオイル…大さじ1

チーズベジタブル

壱 ミックスベジタブルは、さっと流水で霜を落とし、水をきる。フライパンにサラダ油を入れ、中火にかけ、ミックスベジタブルを炒める。

弐 火が通り、やわらかくなったらチーズをからめ、こしょう、パセリ（あれば）をふる。

メモ
チーズがとろりとしている、あたたかいうちに食べるのがポイント。
電子レンジでも作ることができる。
その際には、途中で一度全体をかきまぜ、チーズを入れて仕上げの加熱をする。

1人でササッと
2人で気軽に
3人以上でワイワイ
定番食材&総菜の使い回し
3STEPで〆の一品

[材料] つまみ 二人分　おかず 一人分

冷凍ミックスベジタブル
…1/2カップ

調味料・油
サラダ油…小さじ1
スライスチーズ（とろけるタイプ）…1枚
こしょう…適量
パセリ（あれば）…適宜

まるごと焼きピーマン

壱 予熱したオーブントースターに、オリーブオイルを塗ったピーマンをまるごと入れる。

弐 ピーマン全体の表面に焦げ色がつくまで、8～10分を目安にしっかり焼く。

メモ

日本ＢＢＱ協会の公式レシピを家庭向けにアレンジ。これでピーマン嫌いを克服した事例も多数。しょうゆにしょうが（チューブ）を添えたり、削り節をかけてもおいしい。

［材料］ つまみ 二人分　おかず 一人分

ピーマン…2個

調味料・油

オリーブオイル（またはサラダ油）…小さじ1
しょうゆ・おろししょうが（チューブ）・
削り節など（好みで）…各適宜

豚肉みそ焼き

［材料］ つまみ 二人〜三人分
おかず 一人分

とんかつ用豚ロース…1枚
ネギ…1/10本
シソ（大葉）…5枚

調味料・油

みそ…大さじ2
みりん…小さじ1/2
サラダ油…小さじ1/2

壱 ネギ、シソの葉はみじん切りにして、みそ、みりんとよくまぜ、豚肉の両面に塗る。

弐 フライパンにサラダ油を入れ、中弱火にかけ、壱を入れてフタをして片面3分ずつを目安に焼く。

メモ
みそは焦げやすいので、火は強くしすぎないのがコツ。みその水分を利用して蒸し焼きにするイメージで、じんわりと火を通していく。

野菜スティック ヨーグルトソース

［材料］ つまみ 二人〜三人分
おかず 一人〜二人分

キュウリ・ニンジン・大根など好みの生野菜…適量
無糖ヨーグルト…大さじ3

調味料・油

酢…大さじ1
粉チーズ…小さじ2
塩…小さじ1/2

壱 キュウリ、ニンジン、大根など好みの野菜をスティック状に切る。

弐 ヨーグルトにすべての調味料を混ぜ合わせ、野菜につけて食べる。

メモ
油分がほとんど入っていないのでヘルシー。ゆでた肉などにつけても旨い万能ソース。

ブリの照り焼き

壱 切り身の両面にひとつまみずつ塩をふる。フライパンにサラダ油を入れ、中火で切り身の両面に焼き色をつける。

弐 フライパンにしみ出た油をペーパータオル等で吸い取って捨て、砂糖、みりん、しょうゆを混ぜ入れ、からめながら焼き上げる。

メモ
焼き上がりの目安は、タレにとろみがついた頃。仕上がり前に長ネギ焼き（P75）を入れたりしても美味。ちなみにこのタレは万能照り焼きダレ。しょうが（チューブ）を入れれば、しょうが焼きのタレにも。

［材料］ つまみ 三人～四人分　おかず 二人分

ブリ（切り身）…2切れ

調味料・油
サラダ油…小さじ1
塩…少々
砂糖…大さじ1
みりん…大さじ2
しょうゆ…大さじ3

ニラのおひたし

[材料] つまみ 二人～三人分
おかず 一人～二人分

ニラ…1/2把
卵黄…1個分

調味料・油
しょうゆ（またはだししょうゆ）…適量
炒りゴマ（あれば）…適宜

壱 鍋に湯を沸かし、ニラを30秒ほどゆでて、冷水にとる。水分を軽く絞って、5cm幅に切る。

弐 真ん中をくぼませるように、皿に盛りつけ、卵黄を落とす。炒りゴマ（あれば）をふり、しょうゆを回しかける。

メモ
味つけは、だししょうゆやめんつゆ、白だしなどでも。余った卵白は、P14などを参考に、もう一品作ってみて。

中華風コーンスープ

[材料] つまみ 四人～五人分
おかず 三人～四人分

コーン缶（クリームタイプ・小）…1缶（190g）
水…缶2杯分
卵白…1個分

調味料・油
中華風顆粒だし（鶏ガラスープの素）…小さじ1
塩…適量

壱 鍋にコーンと分量の水、中華風顆粒だしを入れ、中火にかける。

弐 沸騰したところに、よくかき混ぜてコシをきった卵白を細くたらし、塩で味を調える。

メモ
卵白は、菜ばしを伝わらせ、細い糸状にしてたらす。顆粒の和風だしを使えば和風に、コンソメなら洋風にも。

紅ショウガのかき揚げ

［材料］ つまみ 三人～四人分
おかず 一人～二人分

紅ショウガ…1/2袋
天ぷら粉…大さじ3

調味料・油
サラダ油…適量

壱 紅ショウガの水けをきり、天ぷら粉であえる。小鍋に多めのサラダ油を入れ、中弱火にかける。

弐 紅ショウガをスプーンで一口大に整え、片面ずつ揚げ焼きにする。

メモ
粉に水は足さず、紅しょうがの水分で揚げ焼きに。

トマトエッグ

［材料］ つまみ 一人～四人分
おかず 一人～四人分

トマト…1個
スライスチーズ
（とろけるタイプ）…2枚
（粉チーズでも可）
卵…1個

調味料・油
塩・こしょう…各適量

壱 ヘタを落としたトマトの中身（種）をくりぬき、中にチーズを敷き、卵を割り入れる。

弐 お好みで塩、こしょうをふり、断面を上にしてオーブントースターで15分焼く。

メモ
焼きあがったら、人数分に切り分けると食べやすい。くりぬいた種は、温めて塩こしょう、オリーブオイルで味つけをしてつけ合わせに。

しっとり卵サラダ

壱 P14の要領で7分30秒を目安にゆで卵を作る。キュウリとタマネギは、薄くスライスして、少しだけ塩を振っておく。

弐 壱のキュウリとタマネギをマヨネーズとこしょうであえ、4ツ切りにしたゆで卵とさっくりとあえる。

メモ キャベツや大根など余りがちな野菜を使って。野菜に軽く塩をふると味のなじみがよくなる。

[材料]
つまみ 二人～三人分
おかず 一人分
卵…1個
キュウリ…1/4本
タマネギ…1/4個

調味料・油
マヨネーズ…大さじ2
塩…ひとつまみ
こしょう…適量

キャベツのコンビーフ炒め

壱 キャベツをざく切りにする。中火にかけたフライパンに、コンビーフをざっくりとほぐしながら入れる。

弐 コンビーフから油がしみ出てきたら、キャベツを入れ、キャベツがしんなりするまで炒める。

メモ 好みに合わせて、こしょうや七味唐辛子、しょうゆなどで味を調整して。P27の温泉風卵をのせても旨い。

[材料]
つまみ 三人～四人分
おかず 二人分
コンビーフ（小）…1缶（100g）
キャベツ…100g

ナスの浅炊き

壱 ナスはヘタを取って半分の長さに切り、縦に4つに切る。

弐 鍋にめんつゆと水を入れ、中火にかける。沸騰したら壱を入れ、10分ほど煮て、火を止める。

メモ ナスのヘタは旨みの濃い部分。味を重視するなら残しておく。食べごろは、常温よりも「温かい」程度まで冷ました頃。

[材料]
つまみ 三人～四人分
おかず 二人分
ナス…3本

調味料・油
めんつゆ（3倍濃縮）…大さじ3
水…1/2カップ（100mℓ）

鮭のマヨネーズ焼き

［材料］ つまみ 二人分
おかず 一人分

生鮭…ひと切れ

調味料・油

マヨネーズ…大さじ3
塩・こしょう…各適量
七味唐辛子（好みで）…適宜

壱 アルミホイルで受け皿を作り、鮭をのせる部分に、分量の3分の1のマヨネーズを塗る。

弐 塩、こしょうをふった鮭をアルミホイルの皿に置き、残りのマヨネーズを塗り、オーブントースターで10〜15分焼く。

メモ 仕上げに、好みで七味唐辛子などをふってもいい。

ししとうじゃこ炒め

［材料］ つまみ 一人〜二人分
おかず 一人分

しし唐辛子…1パック
ちりめんじゃこ…50g

調味料・油

ゴマ油…大さじ2
めんつゆ（3杯濃縮）
…小さじ1

壱 フライパンにゴマ油、ちりめんじゃこを入れ、中火で炒める。

弐 じゃこがパリパリしてきたら、しし唐辛子を入れ、2〜3分炒める。皿に盛りつけた後に、めんつゆをかける。

メモ しし唐辛子は味が入りにくいため、調味は盛りつけてから。食べやすさを優先するなら、ヘタは取ってもいい。

梅酒うめきゅう

壱 キュウリは、まな板の上で手のひらでおさえ、体重をかけるようにつぶす。梅干しは種を除き、包丁でたたく。

弐 一口大に切ったキュウリと梅干し、梅酒、しょうゆを混ぜる。

メモ キュウリは切る前につぶして割れ目を入れると、食感がよくなり、味が入りやすくなる。梅酒入りなので大人向けメニュー。

[材料]
つまみ 三人～四人分
おかず 二人分

キュウリ…1本
梅干し…1個

調味料・油
しょうゆ…大さじ1
梅酒…小さじ1

ぶなん炒め

壱 ハムは半分に切り、さらに1cm幅に切る。ぶなしめじは洗わずに根元を切り落として、ほぐす。

弐 フライパンにオリーブオイルを熱し、ハム、ぶなしめじ、焼肉のタレを入れて、中火でしんなりするまで炒める。

メモ 材料は同じ大きさに切りそろえると、口当たりが良くなる。メニュー名の由来は素材から。

[材料]
つまみ 三人～四人分
おかず 二人分

ぶなしめじ…1パック
ハム…2枚

調味料・油
オリーブオイル…小さじ1
焼き肉のタレ…大さじ1
塩・こしょう…各適量

ピリ辛こんにゃく

壱 こんにゃくを一口大にちぎり、軽く水で洗い、強火にかけたフライパンでから炒りする。水分が飛んだら、めんつゆを入れる。

弐 七味をふり、ゴマ油を入れてひと炒めしたら火を止め、酢をかけ、ひと混ぜする。

メモ 唐辛子と油を入れてから、ひと炒めすることで、より香りが高くなる。酢には味の引き締め効果も。

[材料]
つまみ 四人～五人分
おかず 二人～三人分

こんにゃく…1丁（200g）

調味料・油
めんつゆ（3倍濃縮）…大さじ2
ゴマ油…小さじ1
七味唐辛子…適量
酢…小さじ1/2

フライパンで焼きリンゴ

壱 リンゴは、縦六等分に放射状のくし形に切り、種を取る（P46参照）。バターを入れたフライパンにバターを入れ、中火にかける。

弐 バターが溶けたら、リンゴを並べ、砂糖をふる。中弱火で7～8分ずつを目安に両面を焼く。

メモ

リンゴの甘味が強ければ砂糖控えめ、酸味が強ければ砂糖を多めに。小さめなら全体を八等分（1／2個を四等分）でも。あれば、仕上げにシナモンや生クリームを添える。

［材料］ つまみ 二人～三人分　おやつ 二人分

リンゴ…1/2個

調味料・油

バター…ひとかけ（5g）
砂糖…大さじ1～2
シナモン・生クリーム（あれば）…適宜

特濃水きりヨーグルト

[材料] つまみ 四～六人分
おやつ 四人分

無糖ヨーグルト
…1パック(450g)

調味料・油
はちみつジャム・フルーツ生
(あれば)…各適宜

壱 保存容器や深皿の上にザルをのせ、その上にペーパータオル2～3枚を敷く。

弐 ペーパータオルの上からヨーグルトをのせ、一晩冷蔵庫に入れておく。

メモ
甘味の強いはちみつジャム、フルーツ缶と相性抜群！保存容器のホエー(乳清)はP61のラッシーなどに。

即席リンゴジャム

[材料] つまみ 二人～三人分
おやつ 二人～三人分

リンゴ…1個

調味料・油
砂糖…1/2カップ

壱 縦4つにくし形に切った、リンゴの皮をむき、種を取る(次ページ参照)。5㎜幅のいちょう切りにする。

弐 リンゴと砂糖を小鍋に入れ、中火にかける。煮立ったら弱火にして、底が焦げつかないよう、ヘラで15～20分ほど煮つめる。

メモ
皮つきならきれいなピンク色になる。レモン汁を入れれば、とろりとした、より本格的なジャムに！

覚えておきたい
野菜のむき方・切り方

リンゴ編

リンゴのむき方には、「包丁の使い方の基本」がつまっています。

・安定した包丁の持ち方
・空いている左手（右利きの場合）の使い方
・食材（リンゴ）の持ち方／置き方

包丁の持ち方の基本形で代表的なのは中指、薬指、小指で包丁の柄を、握手をするように握る型。

その上で「親指と人差指で左右から包丁の付け根を押さえる」「人差し指を包丁の背に乗せる」などがありますが、場面に応じて一番安定し、コントロールしやすい握り方を見つけましょう。

空いた左手は、包丁を持つ手のガイド役。不安定なリンゴを縦に切るとき、がっしり固定するのも大切ですし、皮をむくときには包丁を持った右手と連携して、リンゴを持つ左手の動きも微調整します。（左利きの場合、左右が逆に）

最初に二つ割りにしたら、リンゴの断面を下向きにしてまな板に密着させると（写真②）、リンゴが安定し、切りやすくなります。

楽しくおいしいものを作るため、僕たちも日夜勉強中です。詳しくは専門書や、キーワード「包丁の持ち方」などで検索してみてください。

①まず縦半分に切る

②断面を下にして、もう半分に切る

③ヘタの方から包丁を入れ、芯を取る

④外側を手前に向けて、皮をむく

第三章

3人以上でワイワイ

「3人以上!」の場では、
やはり華やかだったり、
話のネタになるものを作りたい。
家呑みのつまみとして盛り上がり
家メシのおかずなどにも活躍する——
そんなメニューを厳選しました。

ヘルシー タラコディップ

壱 タラコの腹に縦に包丁を入れ、菜ばしでしごくように、中身を取り出す。

弐 P45の特濃水きりヨーグルト、マヨネーズと混ぜる。

メモ

クラッカーやパンにつけて、お通し代わりに。水切りヨーグルトの代わりに、サワークリームやクリームチーズを使ってもいい。

［材料］ つまみ 四人～六人分　おかず 二人～三人分

タラコ…1腹
特濃水きりヨーグルト（P45）…1カップ（200mℓ）

調味料・油
マヨネーズ…大さじ1～2

マヨ缶ディップ

壱 煮汁や油、タレなど缶詰の水けを適当にきり、マヨネーズと練りがらしでざっくりとあえる。

弐 トースターで焼いた食パンを四〜六等分に切り、壱をのせる。

メモ サンマの蒲焼缶や、牛肉の大和煮、味付イカの缶詰やカニ缶など、色や形、質感の違う缶詰をあれこれ試すのも楽しい。

［材料］ つまみ 一人〜∞　おかず 一人〜∞

魚、肉の缶詰…適量（人数の半数を目安に、ツナ缶、鮭の水煮缶、焼き鳥缶、サバのみそ煮缶など）
食パン（8枚切り）…適量

調味料・油
マヨネーズ…1缶あたり、大さじ1〜2
練りがらし（あれば）…適宜

揚げないハッシュポテト

壱 ジャガイモは少し太めのせん切りにする。強火のフライパンにサラダ油を入れ強火にかける。

弐 フライパンにジャガイモを入れて形を丸く整え、塩、こしょうをふる。裏面に焼き色がついたら返し、両面に焼き色がつくまで焼く。

メモ 皿に盛ってから、仕上げにケチャップや塩、こしょうを追加するのもいい。ソーセージやハンバーグの付け合わせにも。

［材料］ つまみ 三人分　おかず 一人～二人分

ジャガイモ…1個

調味料・油
サラダ油…小さじ1
塩・こしょう…適量
ケチャップ（あれば）…適宜

超かんたんチャーシュー

壱 鍋に肉の重さの8～10倍量の湯を沸かし、常温に戻した豚肉を入れる。すぐにフタをして火を止め、そのまま自然に冷ます。

弐 湯温が常温まで下がったら、調味料をすべて入れたビニール袋に塊肉を移し、空気をできるだけ抜いて口を閉じる。

メモ 調味後30分程度から味がなじみ始める。スライスして、ネギと合わせるとネギチャーシューに。大人用なら、酒は煮切らなくていい。

［材料］ つまみ 四人～五人分　おかず 二人～三人分

豚バラブロック…300g
ネギ（好みで）…適宜

調味料・油
しょうゆ…1/2カップ（100㎖）
酒…1/2カップ（100㎖）
おろししょうが（チューブ）…2cm

鶏のコーラ煮

壱 フライパンにサラダ油を入れ、中火で熱し、塩、こしょうをした鶏手羽元に焼き色がつくまで炒める。

弐 コーラを入れ、沸騰したら中弱火にし、汁気がなくなるまで煮つめる。

メモ

コーラは甘味を含んだ、ミックススパイスとしても使える。仕上がりに七味唐辛子をふると味が引き締まる。

［材料］ つまみ 四人分　おかず 一人〜二人分

鶏手羽元…4本
コーラ
…1カップ（200mℓ）

調味料・油
サラダ油…小さじ1
塩…小さじ半分
こしょう…適量
七味唐辛子（あれば）…適宜

粥しゃぶ

壱 米を研ぎ、ザルにあげて乾かし、ゴマ油をかけ回す。

弐 鍋に米の15倍量の湯を沸かし壱を入れ、米が踊るくらいの中火にかけ、米がトロトロになるまで煮込む。刺身などお好みの具を粥につけながら、しょうゆ（またはゴマ油と塩）で食べる。

メモ
卓上で土鍋を火にかけながら食べたい。具は白身魚、海老、帆立など魚介類のほか、鶏なども合う。最後には、すべてのダシを吸った粥が旨い！

［材料］ つまみ 二人～三人分　食事 一人分

刺身などお好みの具
米…1/2カップ（90mℓ～100mℓ）
水…1.4～1.5ℓ

調味料・油
ゴマ油…小さじ1
しょうゆ（またはゴマ油・塩）…各適宜

とり天

壱

1cmほどの拍子木状にカットした鶏肉に、にんにく、しょうが（いずれもチューブ）、めんつゆをしっかりもみこみ、天ぷら粉と冷水を合わせた衣を全体につける。

弐

深さ1cm程度のサラダ油を入れたフライパンを中火にかけ、壱を入れて揚げ焼きにする。時間の目安は、表が2分、ひっくり返してもう1分。

メモ

鶏肉に調味液をもみこむ（加水する）ことで、ジューシーに仕上がる。
揚げ油は、冷えた後、古新聞やペーパータオルで吸い取って捨てる。
決して流しに捨ててはならない。

［材料］ つまみ 二人〜三人分　おかず 一人分

鶏モモ肉…100g
（衣の材料）
天ぷら粉…大さじ3
冷水…大さじ2

調味料・油
サラダ油…適量
おろしにんにく（チューブ）…1cm
おろししょうが（チューブ）…3cm
めんつゆ（3倍濃縮）…大さじ1

塩辛バーニャカウダ

[材料] つまみ 三人〜四人分
おかず 一人〜二人分

キュウリ…1本
大根…10cm
ニンジン…1本
セロリ…1/2本

調味料・油
オリーブオイル
…1/2カップ(100mℓ)
おろしにんにく(チューブ)
…4〜5cm
イカの塩辛…大さじ3
牛乳…大さじ2

壱 野菜はすべてスティック状にカットする。

弐 小鍋にすべての調味料を入れ中火にかけ、よく混ぜる。壱をつけながら食べる。

メモ 生食可能な野菜はほぼ具になる。底に塩辛がたまったら、パスタソースに

砂肝のガリガリごりごり炒め

[材料] つまみ 四人〜五人分
おかず 二人分

砂肝…200g
にんにく(丸ごと)…1株
(8かけくらい)
赤唐辛子(輪切り)…適量

調味料・油
ゴマ油…大さじ2
オイスターソース…大さじ1強
酒…大さじ2

壱 にんにくを縦半分に切り、赤唐辛子をゴマ油と一緒にフライパンに入れ、弱火にかける。

弐 にんにくがすき透ったら、砂肝を加えて強火にし、オイスターソースと酒を加えて炒め合わせる。

メモ 砂肝は筋(白い皮のような部分)をそぎ落とすとさらに旨い!

ブロッコリーとポテトの塩辛マヨネーズ

［材料］ つまみ 四人～五人分
おかず 二人分

ブロッコリー…1/2株
ジャガイモ…2個

調味料・油
マヨネーズ…大さじ2
塩…少々
塩辛…大さじ山盛り1

壱 ブロッコリーは小房に分け、ジャガイモは皮つきのまま一口大に切る。

弐 鍋に湯を沸かし、塩を入れ、ジャガイモを5分ゆでたら引き上げ、残り湯でブロッコリーを1分ゆで、マヨネーズと塩辛を混ぜる。

メモ 塩辛の代わりにアンチョビや酒盗を使っても旨い。

明太ジャガチーズ

［材料］ つまみ 四人～五人分
おやつ 二人～三人分

ジャガイモ（大）…2個
辛子明太子…1腹
スライスチーズ
（とろけるタイプ）…2枚

調味料・油
マヨネーズ…大さじ2

壱 タワシ等できれいに水洗いしたジャガイモを皮つきのまま厚さ1㎝にスライスし、電子レンジで2～3分加熱する。

弐 薄くサラダ油をひいたフライパンにジャガイモを並べ、ほぐした明太子、マヨネーズ、チーズの順にのせ、フタをして弱火で7～10分ほど加熱する。

メモ 厚さ5～7㎜にスライスしたジャガイモの片面を先に焼いてひっくり返せば、フライパンひとつでも作れる。

餃子《ぎょうざ》せんべい

壱 餃子の皮に、ハケでしょうゆを塗る。

弐 予熱したオーブントースター（または中火の魚焼きグリル）でフチがふくらむまで約2～3分焼く。

メモ 温かいうちは柔らかくても、常温に戻ればパリパリ感UP！七味唐辛子やマヨネーズを添えて。

［材料］
つまみ 四人分
おやつ 二人分

餃子の皮…8枚

調味料・油
しょうゆ…大さじ2
七味唐辛子・マヨネーズ（好みで）…適宜

もやしナムル

壱 鍋に湯を沸かす。調味料をすべて合わせておく。

弐 鍋の熱湯でもやしを30秒ゆで、手早くお湯をきる。熱いうちに合わせ調味料としっかりあえる。

メモ もやしは、すぐに火が通るのでゆで過ぎないこと。ニラや水菜でもナムルはできる。

［材料］
つまみ 四人～五人分
おかず 二人～三人分

もやし…1袋

調味料・油
レモン汁…大さじ1
おろしにんにく（チューブ）…2cm
塩…小さじ1/2
ゴマ油…大さじ2

五色《ごしょく》納豆

壱 ツナ缶はオイルを捨て、たくあんはせん切り、ネギは小口切り、海苔は細く刻む。

弐 材料をすべて混ぜ、しょうゆで味を調える。ごはんにかけても美味。

メモ ツナ缶の代わりに、マグロのブツやイカ刺しなども合う。卵、長芋、オクラ、しば漬けを加えてもいい。

［材料］
つまみ 四人分
おかず 二人分

納豆…1パック
ツナ缶…1缶
たくあん…4切れ
ネギ…10cm
焼き海苔…大1枚

調味料・油 しょうゆ…適量

カレーフォンデュ

［材料］ つまみ 二人分
食事 一人分

食パン（8枚切り）…1枚
冷凍洋風野菜ミックス…適量

調味料・油

カレールウ（甘口）…1かけ
牛乳…大さじ3
水…1/2カップ（100mℓ）

壱 鍋に調味料をすべて入れ、カレールウが溶けるまで煮込む。

弐 ゆでるか、電子レンジで温めた洋風野菜ミックスと、焼いたパンを一口大に切って添える。

メモ カレーソースに、バターで炒めたタマネギのみじん切りやチーズを入れて煮込むと風味UP！

トマトの煮びたし

［材料］ つまみ 四人～五人分
おかず 二人分

トマト…2個
シソ（大葉）（あれば）…適宜

調味料・油

めんつゆ（3杯濃縮）…1/2カップ
水…1/2カップ（100mℓ）

壱 皮をむいたトマト（P62）のヘタを取り、四等分のくし形に切る。

弐 小鍋にトマトとめんつゆ、水を入れ、弱火にかける。沸騰したら火を止め、そのまま自然に冷ます。

メモ あれば大葉のせん切りをちらす。あたたかいうちに食べるなら、沸騰後3分程度弱火で煮て味を含ませる。

ジューシーゆで鶏

［材料］つまみ 四人～五人分
おかず 二人分

鶏ムネ肉…1枚（250g）

調味料・油
塩…小さじ半分
砂糖…小さじ1
酒…大さじ2

壱 鍋に3ℓ以上の湯を沸かす。鶏ムネ肉にすべての調味料をもみこむ。

弐 鍋の火を止めて、鶏肉を入れる。自然に常温まで下がればできあがり。

メモ
調味液の塩は、鶏肉に水分を入れ、砂糖は保水作用で水分を保ちしっとりした仕上がりに。

牛肉のまきまきステーキ

［材料］つまみ 三人～四人分
おかず 一人～二人分

牛バラ薄切り肉…200g
シソ（大葉）…4枚

調味料・油
オリーブオイル…大さじ1
塩・こしょう…適量

壱 牛肉を広げて塩、こしょうをして大葉をのせ、くるくると巻く。

弐 フライパンにオリーブオイルを入れ、中火にかけ、牛肉を転がしながら3分ほど焼く。

メモ
中央に包丁を入れ、一口大に切ると食べやすく見た目も華やか。

凍りトマト

［材料］ つまみ 一人～二人分
おやつ 一人～二人分

トマト…1個

調味料・油

塩・タバスコ（好みで）…適宜

壱 トマトを冷凍庫に入れる（気になる人はポリ袋などに入れてもいい）。

弐 カチカチに固まる前（約4～5時間）に取り出してカットし、好みで塩、タバスコをつけて食べる。

メモ キャラクターデザイナー、コンドウアキさんに教わったレシピをアレンジ。凍らせすぎても電子レンジで30秒～1分程度あたためれば、半解凍状態に戻せる。

バナナのスイートグラタン

［材料］ つまみ 二人～三人分
おやつ 二人分

バナナ…1本
加糖ヨーグルト
…1個（80～90mℓ程）

調味料・油

砂糖…小さじ1

壱 1cm程度の厚さに輪切りにしたバナナを耐熱容器に並べ、ヨーグルトを入れ、砂糖をかける。

弐 オーブントースターで15分焼く。

メモ P45の即席リンゴジャムや、甘味の強いモモなども具材にいい。

手作りリコッタチーズ

壱 鍋に材料をすべて入れ、中火にかけ沸騰させないよう注意しながら混ぜる。

弐 ある程度分離したら、火を止め、10分間ほど置き、ザルにペーパータオルを敷いたものでこす。

メモ こしょうをふれば、つまみに。パスタ、カレー、ディップなどにも使える。こした時に出るホエー（乳清）は下記ラッシー（P61）などに。

［材料］
つまみ 六人～八人分

牛乳…500mℓ

調味料・油
レモン汁（酢でも可）…大さじ1
塩…ひとつまみ

カプレーゼ

壱 トマトを輪切り、もしくは半月切りにして、皿に並べる。

弐 上記の手作りリコッタチーズを乗せ、塩、こしょう、オリーブオイル、バジル（あれば）をかける。

メモ 自作のチーズは、会話のタネにもなる。

［材料］
つまみ 四人～五人分
おかず 二人～三人分

手作りリコッタチーズ…200g
トマト…2個
バジル（あれば）…適宜

調味料・油
塩、こしょう…適量

ラッシー

壱 冷やした牛乳とホエーを1対1で割る。

弐 はちみつで甘味を加える。

メモ フルーツソースで味をつければ、フルーツラッシーに！

［材料］
おやつ 一人分

牛乳…1/2カップ（100mℓ）
ホエー…1/2カップ（100mℓ）

調味料・油
はちみつ…大さじ1～2

覚えておきたい
野菜のむき方・切り方

トマト編

トマトはどんな料理にも使いやすい食材です。給食系男子のメンバーは、自分で食べるときには「皮ごと」派が多いんですが、「皮が苦手」という方に向けては、ぜひむいてさしあげたい！

もっとも一般的な「トマトの皮のむき方」は「湯むき」と言われる手法です。先端に十字に切れ目を入れ、熱湯に15秒ほどつけると、するりとむけやすくなります。ヘタの部分をフォークで刺して、持ち手を作ると、湯から引き上げるのもカンタンです。

お湯を沸かすのが面倒なら、熱湯ではなく、ガスの直火でやる方法もありますが、全体に均等に熱を与えるには湯むきのほうが、確実でラクかもしれません。

またP60の「凍りトマト」をぬるま湯につけて解凍したり、十字に切り込みを入れて電子レンジに数十秒かけても、皮はむきやすくなりますが、どちらも実が崩れやすくなるので、煮込み料理など形を気にしない料理に使うのがよさそう。

シェークスピアなら「むくか、むかないか。それが問題だ」となりそうですが、ことトマトについては「なぜむくか」、そして「誰に食べてもらう、どんな料理のために、どうむくか」が問題となりそうです。ちょっぴり大げさかもしれませんが。

①トマトの先端に十字に切れ目を入れる

②ヘタ近くをフォークで刺し、持ち手を作る

③先端を中心に15秒加熱する

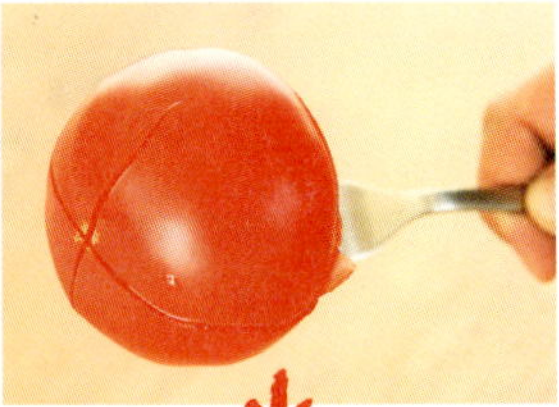

④切れ目を持って皮をむく

第四章

市販のお総菜&
定番食材の使い回し

イチから作るのは面倒だけど、
毎日同じお総菜にも、もう飽きた……。
ちょっと手を加えるだけで、
新しいつまみやおかずが続々増殖！
余らせがちなおもちや白菜、ネギ、大根、山芋、
また、クリームチーズ、アボカドなど
定番食材の使い回しレシピも
ガッチリ押さえました！

酢鶏

壱 からあげと野菜を一口サイズに切る。ニンジンなどの根菜は、あらかじめ電子レンジで火を通しておき、具材をすべてフライパンで炒める。

弐 具が温まったら、合わせダレを全体にからませる。火を止め、水溶き片栗粉を入れ、もう10秒加熱する。

メモ

水溶き片栗粉は、常温では水に溶けない。投入時には火をとめて、まんべんなく行き渡るよう、よく混ぜながら入れる。

[材料] つまみ 三人分 おかず 二人分

市販の鶏からあげ…2〜3個
ニンジン、ピーマン、タマネギなどの余り野菜…適量

調味料・油
市販のすきやきのタレ…大さじ3
酢…大さじ2
ケチャップ…小さじ1

(水溶き片栗粉)
片栗粉…大さじ1
水…大さじ1

鶏からの南蛮漬け

壱 タマネギは薄くスライス、ネギはみじん切りにする。からあげは大きければ一口大に切る。

弐 すべての材料を合わせて、からあげを漬け込み、冷蔵庫で30分以上寝かせる。

メモ 買ってから時間のたったからあげなら一度電子レンジで加熱してから漬け込む。

［材料］ つまみ 四人分
おかず 二人分

市販の鶏からあげ…5個
タマネギ（中）…1/4個
ネギ…1/4本

調味料・油
砂糖・酢・しょうゆ…各大さじ2
赤唐辛子（輪切りでも可）…1本分
おろししょうが（チューブ）…1cm

鶏からあげの甘辛煮

壱 調味料をすべて合わせてタレをつくる。からあげは大きければ一口大に切る。

弐 中火にかけたフライパンに、からあげ、タレを入れ、軽くとろみがつく程度まで煮つめる。

メモ 衣の「古い味」をタレに移しタレの「新しい味」を衣につけるつもりで煮つめすぎないよう、調味する。

［材料］ つまみ 四人分
おかず 二人分

市販の鶏からあげ…3個

調味料・油
酒・砂糖・しょうゆ・みりん
…各大さじ1
炒りゴマ…少々

～保存&使い回しのコツ～

鶏からあげは、「味がついていて」「火が通っている」とても便利な食材。このページで紹介したもののほかにも、サラダの具にしたり、親子丼のように卵とじにしても。またチリソースで煮て、エビチリならぬ「トリチリ」にするなど、無限のバリエーションが考えられる。最後に揚げ物保存の共通ルールその1。冷蔵する場合には、酸化した油を衣が再吸収しないよう、ペーパータオルに包んで、ビニール袋などに入れ、冷蔵庫で保存！

鶏からあげは万能食材。冷蔵保存時は新しいペーパーに！

アジフィレオサラダ

壱 マヨネーズ、酢、黒こしょうを混ぜて、ソースを作り、生野菜ミックスを皿に盛る。

弐 アジフライは一口大に切り、生野菜ミックスの上にのせ、ソースをかける。

メモ 生野菜ミックスの代わりに、菜もの野菜中心のコンビニのカップサラダを使ってもいい。

[材料] つまみ 三人～四人分　おかず 一人～二人分

市販のアジフライ…1尾
生野菜ミックス…1/2袋

調味料・油
マヨネーズ…大さじ2
酢…大さじ1
黒こしょう…少々

アジフライのチーズ焼き

壱 アジフライにスライスチーズをのせる。

弐 電子レンジで「あたため」、もしくはオーブントースターで5～6分焼く。

メモ 食べるときにはソースやケチャップで。そのままパンにはさんで食べても美味。

［材料］
つまみ 二人～三人分
おかず 一人分

市販のアジフライ…1尾
スライスチーズ
（とろけるタイプ）…1枚

調味料・油
ケチャップ・ソース…各適量

がっつりアジフライ丼

壱 アジフライはオーブントースターで5分焼くか、ラップをせずに電子レンジであたためる。

弐 丼にごはんを盛り、ソースをかけたアジフライをのせる。好みでマヨネーズをかける。

メモ すっきりした丼が好みならウスターソース。とんかつソースなら、濃厚な味わいに。

［材料］
つまみ 二人～三人分
食事 一人分

市販のアジフライ…1尾
ごはん…丼1杯分

調味料・油
ソース・マヨネーズ…各適量

～保存&使い回しのコツ～

日本の惣菜の代表選手とも言えるアジフライ。あまりアレンジメニューを見かけないが、なかなかの実力の持ち主。例えば「アジフライ茶漬け」。お茶漬け海苔やめんつゆをかけてお茶漬けにすれば、30秒で作れる立派な夜食に。また、粉チーズとにんにく、パセリなどをふりかけてオーブントースターで温めれば、ミラノ風カツレツ風に。揚げ物共通ルールその2。冷凍保存も可能だが、なるべく早く食べるべし！

サラダに茶漬けに大活躍のアジフライ。冷凍保存もOK！

コロッケ(市販)の使い回し

コロッケサンド

壱 食パンをトースターで焼き、マヨネーズを塗る。

弐 コロッケの両面にソースをかけ、生野菜ミックス(またはせん切りキャベツ)と合わせ、食パンにはさみ、軽く押す。

メモ
すぐに食べないときには、ラップやアルミホイルでしっかり包み、全体をなじませると一体感が生まれる。

[材料] つまみ 二人～三人分　食事 一人分

市販のコロッケ…1個
食パン(8枚切)…2枚
サラダミックス(せん切りキャベツ)…適量

調味料・油
ウスターソース・マヨネーズ…各適量

コロッケスープ

壱 鍋に沸かした湯にコンソメスープの素を溶かし、ソースをかけたコロッケを入れる。

弐 全体があたたまったら、塩こしょうで味を調える。

メモ 見た目を考えるなら野菜コロッケ。クリーム系のコロッケは、ソースをかけずに牛乳を足して。

［材料］つまみ 三人分
おかず 二人分

市販のコロッケ…1個

調味料・油
水…300ml
固形コンソメスープの素…1個
ウスターソース
塩・こしょう…各適量

告白オムレツ

壱 ミックスベジタブルは電子レンジか流水で解凍し、4〜6つ切りにしたコロッケとともに、溶き卵に混ぜる。

弐 弱火にかけたフライパンにサラダ油を熱し、壱を流し入れる。焼き目がついたら裏返し、ケチャップで告白のメッセージを書く。

メモ 焼き具合はお好みで。裏返さず、片面は半熟でもいい。メッセージは自分自身へのねぎらいでも。

［材料］
つまみ 二人〜三人分
食事 一人〜二人分

卵…2個
冷凍ミックスベジタブル…50g
市販のコロッケ…1個

調味料・油
ケチャップ…適量
塩…少々
サラダ油…小さじ1

～保存&使い回しのコツ～

コロッケは日本の国民食のひとつ。半調理されたジャガイモと考えれば、バリエーションは無限になる。中身を崩してマヨネーズであえれば、即席ポテトサラダに。耐熱容器に入れて、オーブントースターであたためれば、ポテトグラタンにも。また、上にバターをひとかけらのせれば、即席ジャガバターのできあがり！ そして揚げ物共通ルールその3。揚げ物はオーブントースターであたため、衣の水分を飛ばせば、カリッとおいしく。

コロッケは「半調理済みの味つきジャガイモ」と心得よ

もちチーズ焼き

壱 オーブントースターや魚焼きグリルなどで焼いたもちを耐熱皿に入れて、チーズをのせ、オーブントースターで5～6分焼く。

弐 チーズが溶けたら取り出して、めんつゆをかける。

メモ
和風グラタン風。もちを揚げれば、さらにカリッとした食感に。仕上げにきざみ海苔をちらしても。

[材料] つまみ 一人分　おかず 一人分

もち…1個
スライスチーズ…1枚

調味料・油
めんつゆ（3倍濃縮）…大さじ1

もち豚鍋

壱 豚肉、白菜は一口大に切る。土鍋の底に白菜、もちの順に敷き、水を入れて弱火にかける。

弐 もちがやわらかくなったら、豚肉を入れる。薬味を用意し、もちを伸ばすように、具に巻きつけながらめんつゆにつけて食べる。

メモ めんつゆにレモン汁やオレンジ100%ジュースを加えれば、ポン酢しょうゆ風味に。

［材料］ つまみ 三人分
おかず 二人分

白菜など鍋野菜…中2～3枚
もち…2個
豚こま切れ肉
（または豚バラ薄切り肉）
…200g

調味料・油
めんつゆ（3倍濃縮）・薬味
（ネギ、唐辛子など）…各適量

からみもち

壱 オーブントースターや魚焼きグリルなどで、もちを焼く。大根をおろす。

弐 焼きあがったもちに、大根おろしとなめたけをのせる。

メモ イクラ、シラス、明太子、納豆など「××おろし」になるものならば、すべてからみもちに合う。

［材料］ つまみ 一人分
おかず 一人分

もち…1個
なめたけ…大さじ1
大根おろし…大さじ2

～保存&使い回しのコツ～

もちはある程度まとまった量で売られているので、比較的あまりがち。だが、原料が米と考えれば、使い回しも多彩。お好み焼きやもんじゃ、変わりピザの具としても市民権を得ているし、小さく切って揚げた揚げもちは懐かしの味。ちょっぴりアレンジして、ドーナツ風にシナモンシュガーをかけたり、スナック風にカレー塩、青のり塩をかけても◎。個包装されたもちは常温でも比較的日持ちする。冷蔵や冷凍保存も、もちろん可能だ。

余った食材に困ったら「原料」に目を向けるべし

とり白菜鍋

壱 鶏肉を一口大に切り、塩、こしょうで下味をつける。白菜の根に近い部分は1cm程度に細く切り、葉先はザク切りにする。

弐 白菜の厚い部分と水、調味料を入れた鍋を弱火にかける。沸いたら鶏肉と白菜を入れ、数分煮込む。

メモ
ベーシックな鶏肉と白菜の鍋。昆布や干ししいたけのダシを加えたり、仕上げにゴマ油をたらすなどのアレンジも。

［材料］ つまみ 三人～四人分　おかず 二人分

白菜…1/8個
鶏モモ肉…100g

調味料・油
しょうゆ…大さじ2～3
塩・こしょう…各小さじ1
顆粒和風だし…小さじ1/4
水…2カップ（400㎖）
酒…1/2カップ（100㎖）

塩昆布白菜

壱 白菜の根に近い部分は細切り、葉はザク切りにする。

弐 ビニール袋に白菜と塩昆布を入れて、もみこむ。15～20分ほどで食べ頃に。

メモ ゆずの皮や梅干しなど、酸味のあるものを加えてもいい。ゆずこしょうなどもいいアクセントになる。

[材料]
つまみ 二人～三人分
おかず 二人分

白菜…1枚

調味料・油
塩昆布…大さじ1

白菜のクリーム煮

壱 鍋に調味料を入れ、白菜を切らずに長いまま折るように入れて、中弱火にかける。

弐 沸騰したら弱火にして、30分ほど煮込む。最後に塩こしょうで味を調整する。

メモ 切らずに長いまま煮こむことで、とろりとした食感が生まれる。

[材料] つまみ 四人分
おかず 二人分

白菜…1/8個

調味料・油
牛乳…1カップ(200mℓ)
中華風顆粒だし
…小さじ1/2
水…1カップ(200mℓ)
塩・こしょう…各適量

～保存&使い回しのコツ～

株の大きな白菜は、なかなか使い切れないが、冬場は日持ちするので、野菜室に立てておけば、2～3週間は保存できる。どうにも使い切れないときには、冷凍保存がベター。芯と葉の部分を分けてさっと塩ゆでし、軽くしぼってザクザクと切り、ラップで小分けにして冷蔵庫へ。その他、スープの具にしたり、肉を巻いて食べたり、P109の「ベトナム炒め」のように、炒め物にもいい。あれこれ試して使いきるべし。

切って煮て炒めて旨く、冷蔵によし、冷凍もよしの便利野菜

ネギの使い回し

長ネギのポトフ

壱 ネギは3cm幅、ベーコンは1.5cm幅に切る。鍋にオリーブオイルを入れ、中火でネギをしっかりと炒め、ベーコンを加える。

弐 壱に水とコンソメを加えて煮る。ネギが好みのやわらかさに煮あがったら、塩、こしょうで味を調える。

メモ 10分程度から食べられるが、30〜40分以上煮るとネギがとろりとやわらかくなる。

［材料］ つまみ 四人分　おかず 二人分

ネギ…1本
ベーコン…2枚

調味料・油
オリーブオイル…小さじ1
顆粒コンソメスープの素…小さじ1
水…2カップ
塩・こしょう…各適量

長ネギ焼き

壱 ネギを4～5㎝幅に切る。

弐 オーブントースターや魚焼きグリルなどで、焼き目がつくまで、5分程度を目安に焼く。しょうゆや削り節、しょうが（チューブ）などを添える。

メモ もし外側を真っ黒に焦がしても、焦げた皮をむけば、中から白くて、甘～いネギが出現。

［材料］つまみ 一人分
おかず 一人分

ネギ…1/4本

調味料・油
しょうゆ…適量
削り節…適量
おろししょうが（チューブ）…適量

ネギたっぷり焼きみそ

壱 みじん切りにしたネギと、みそ、みりんをよく混ぜる。

弐 アルミホイルに壱を敷き、オーブントースターで5～7分程度加熱する。

メモ これだけで日本酒がいくらでも飲めるという人がいるほど、日本酒好きにとっての定番人気メニュー。

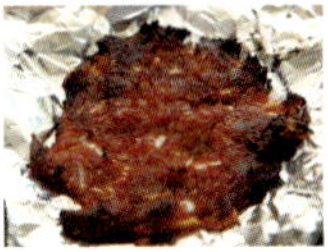

［材料］つまみ 二人分
おかず 二人分

ネギ…1/4本

調味料・油
みそ…大さじ2
みりん…小さじ1
ネギ…10cm

～保存&使い回しのコツ～

鍋の具材や薬味など、あらゆる場面で活躍するネギ。余らせるなんてもったいなさすぎる！　ごはん、みそ汁、パスタにオムレツ、煮物に炒め物となんでもござれ。休日のバーベキューにはネギを切らずに一本そのまま、黒焦げになるまで焼き、外側一枚をはがして食べるスペインの「カルソッソ」風などもいい。冷蔵保存は、根を落として保存しやすいサイズに切ってラップに包み野菜室へ。小口切りにして冷凍保存しておくと、そのまま使えて便利！

冷蔵保存は野菜室。冷凍するなら、小口切りが便利！

大根の使い回し

豚と大根のスライス鍋

壱

ピーラーで大根を短冊状に大量にスライスする。豚肉は一口大に、ネギは5㎜幅の斜め切りにする。

弐

鍋に分量の水を入れて沸騰させ、顆粒だし、大根、ネギを入れて煮る。ポン酢しょうゆをつけて食べる。

メモ

ポン酢しょうゆに、ゆずこしょう、七味唐辛子など、お好みで薬味を加えても。白菜や水菜などを入れてもいい。

［材料］ つまみ 三人分　おかず 二人分

豚こま切れ肉
(または豚バラ薄切り肉)…100g
大根…1/3本
ネギ…1本

調味料・油
顆粒昆布だし…小さじ1
水…3カップ(600㎖)
ポン酢しょうゆ…適量

ツナと大根のさっぱりサラダ

壱 大根はせん切りに、キュウリは薄い小口切りにする。

弐 ツナ缶を汁ごと、キュウリと大根と混ぜ、ポン酢しょうゆ、ゴマ油であえる。

メモ タネを抜いてたたいた梅干しを入れても美味。

［材料］ つまみ 四人分
おかず 三人分

大根…6cm
キュウリ…1/2本
ツナ缶…1缶

調味料・油
ポン酢しょうゆ…大さじ2
ゴマ油…小さじ1

大根のはちみつ漬け

壱 よく洗った大根の皮を厚めにむく。皮は長さ5cm×幅1cmの短冊に、身は1・5cm角のさいの目に切る。

弐 しょうゆとはちみつ、赤唐辛子をビニール袋に入れ、大根を漬ける。30分ほどしたら食べることができる。

メモ はちみつがなければ、マーマレードなど柑橘系ジャムでの代用もできる。

［材料］ つまみ 四人分
おかず 四人分

大根…10cm

調味料・油
しょうゆ…大さじ3
はちみつ…大さじ3
赤唐辛子（輪切り）…1本分

～保存&使い回しのコツ～

白菜同様、大根を使い切るのは至難のワザ。炊き込みごはんやみそ汁、煮物や大根ステーキは定番メニュー。給食系男子のおすすめは大根おろし。フリーザーバッグに薄く伸ばして冷凍、必要な分だけ折って使うことも可能。白玉粉や小麦粉と合わせて大根餅にすれば、主食にもおかずにもスイーツにも！ 冷蔵保存は葉を切り落として、ラップに包み、野菜室へ。冷凍は皮をむき、使いやすい〝いちょう切り〟などにして冷凍用保存袋に。

大根おろしを制するものは大根を制す！

山芋どうふ

壱 山芋は皮をむいて、おろし金でおろす。鍋に分量の湯を沸かし、和風だしを入れ、豆腐をざっくりと手でくずし入れる。

弐 塩で味を調え、壱の山芋をかける。

メモ

沖縄の島豆腐から、木綿豆腐、絹ごし豆腐まで、各豆腐ごとに味わいが変わって楽しい。

[材料] つまみ 二人分　おかず 一人分

豆腐（絹・木綿など）
…1/2丁
長芋…4cm

調味料・油

熱湯…1カップ（200mℓ）
顆粒和風だし…小さじ1/2
塩…ひとつまみ

ゆかり山芋

壱 長芋の皮をむき、ビニール袋かチャックつき密閉袋にゆかりとともに入れる。

弐 30分〜1時間ほど経ったら、取り出して5㎜幅くらいに切り分ける。

メモ ゆかりはそのまま食べられるが、塩分が気になるなら洗い流してもいい。

[材料] つまみ 四人分
おかず 四人分

長芋…1/2本

調味料・油

ゆかり…1/3袋

山芋ソテー

壱 長芋の皮をむき、1㎝幅に輪切りに。ベーコンも1㎝幅に切る。

弐 フライパンにオリーブオイルを入れ、中火で長芋とベーコンを炒める。焼き色がついたら、塩、こしょうで味を調える。

メモ 塩の代わりにしょうゆで味をつけてもいい。炒め油にバターを使うと、こってりした味わいに。

[材料] つまみ 三人分
おかず 二人分

長芋…1/2本
ベーコン…2枚

調味料・油

オリーブオイル…小さじ1
塩・こしょう…適量

〜保存&使い回しのコツ〜

「とろろ」のイメージが強すぎるのか、どう使えばいいのか悩ましい山芋。そうはいっても、山芋は「芋」。つまり汁物から焼き物まで対応可能なオールラウンダーで、大根や白菜と鍋にすれば、冷蔵庫の超お片付けメニューになる。保存法は、皮に包丁を入れる前なら、新聞紙に包んで、冷蔵庫で数週間の長期保存も。せん切りやすりおろしをフリーザーバッグで薄く伸ばして冷凍保存するのも便利。

ラクに長期保存でき
守備範囲も広い
「家呑み」の立役者

塩昆布クリームチーズ

壱 クリームチーズを四等分のさいの目に切る。

弐 壱と塩昆布をあえる。

メモ

朝食ならパンのおかずに。
塩昆布とクリームチーズの比率によって味わいが変わる。

［材料］ つまみ 四人分　おかず 二人分

クリームチーズ…4切れ（80g）
塩昆布…ひとつまみ

クリームチーズの塩辛和え

壱 クリームチーズを四等分のさいの目に切る。

弐 塩辛をのせる。

メモ 居酒屋でよく見かける「クリームチーズ×酒盗」のアレンジ版。海鮮発酵食品との相性◎。

［材料］ つまみ 二人分　おかず 一人分

クリームチーズ
…2切れ(40g)
塩辛…大さじ1

クリーミートマトガーリック

壱 材料をすべて混ぜる。

弐 そのままつまんだり、クラッカーやトーストにのせたオードブルにも。

メモ 同じトマトでも、ピザソース、トマトペースト、ピュレ、ドライトマトなど混ぜる素材で味わいが変わる。

［材料］ つまみ 一人分　おかず 一人分

クリームチーズ
…1切れ(20g)

調味料・油

トマトケチャップ
…小さじ1/2
おろしニンニク(チューブ)
…0.5cm

～保存&使い回しのコツ～

このページでも紹介しているように、クリームチーズはおつまみの優等生で、もっと冒険が可能な食材。しょうゆ、みそなど和風の素材とも相性がよく、例えば味噌汁の具、パスタやカレーのトッピング、定着し始めたみそ漬けや、ぬか漬け、丼の具や刺身の薬味、白和えの豆腐の代わりにも使える。そもそもチーズは保存食なので、開封前なら長期保存に耐えられる。もちろん冷凍保存も可能。

優等生でありながら
やんちゃもできる
おつまみ界のヒーロー

アボカドソテー

壱 アボカドを5㎜幅にスライス（P84参照）フライパンに並べて強火にかける。

弐 片面に軽く焼き目がついたら、返して全体にしょうゆを回し入れる。皿に盛り、削り節としょうゆ（分量外）をかける。

メモ

かたくて未熟なアボカドにあたったときの救済メニュー。加熱するとやわらかくなるが、熟したものとは味わいが異なるので焼くことで風味をプラスする。

［材料］ つまみ 三人分　おかず 二人分

アボガド…1/2個

調味料・油
しょうゆ（またはめんつゆ）…大さじ1
削り節…適量

アボカドトースト

壱 食パンにピザソースを塗り、長辺の方向で5㎜幅に切ったアボカド、スライスチーズをのせる。

弐 オーブントースターで5〜7分ほど焼く。

メモ ピザソースがなければ、ケチャップなどでもいい。

[材料] つまみ 三人分
食事 一人分

アボカド…1/2個
スライスチーズ
(とろけるタイプ)…1枚
食パン(6枚切り)…1枚

調味料・油
ピザソース…適量

アボカドのクリームチーズ和え

壱 アボカド、クリームチーズはさいの目に切り、塩をふってさっくりと混ぜる。

弐 黒こしょうをふり、パンやクラッカーなどにつけて食べる。

メモ マヨネーズやしょうゆを加えるなど、ちょっとしたアレンジも楽しい。

[材料] つまみ 三人分
おかず 一人分

アボカド…1/2個
クリームチーズ
…3切れ(60g)

調味料・油
塩・黒こしょう…適量

〜保存&使い回しのコツ〜

実はアボカドは、フライや天ぷらなどの揚げ物の具材としても超優秀。一見脇役にして、実は主役という典型であり、昔「わさびじょうゆで、トロの味」と言われた頃のイメージをそろそろ破ってもいい頃だ。丼にパスタに炒め物、そしてオムレツ——。冷凍する場合は、使いやすいサイズに切って、フリーザーバッグに入れなるべく空気を抜いてから冷蔵庫へ。つぶしてレモン汁と混ぜ、ディップ状にして冷凍しておくのも手だ。

一見、脇役だが実は主役を張れる実力派。長期保存も可能！

覚えておきたい
野菜のむき方・切り方

アボカド編

「世界一栄養価の高い果物」としても知られる、アボカドは「家呑み」向きな食材です。

扱いも慣れればカンタン。生食で良し、加熱して良し、他の食材と合わせても良しという、万能食材なので、つまみにもぜひ取り入れたいところ。

さてむき方です。まずアボカドを手に持って実の周囲を見回すと、左右対称に見えるポイントがあります。その中心線が包丁を入れるラインです。

包丁を入れ、刃が種に当たったら、実を縦に回しながら、種に沿うようにぐるりと包丁を入れていきます。さながら北極点と南極点を通過する、アボカド世界一周の旅のようなイメージです。

世界一周を終えたら、たとえが古くて給食…いえ恐縮ですが、ルービックキューブを回すように、種を支点に実を回転させ、左右に引きはがします。

片側に残った種には包丁のかかとを刺し、包丁をひねると種が取れます。皮は手ではがせますが、縦にもう半分に切ると、さらにラクにはがれます。

熟したものは皮が黒に近い葡萄《えび》茶色のもの。購入前の食材を「押してチェック」する人がいますが、これはマナー違反。もし未熟なものに当たったら、P82の「アボカドソテー」のようにおいしくいただきましょう。

①左右対称になる中心線に包丁を入れる

②左右の実をズラすように回転させる

③種に包丁のかかとを刺し、ひねって外す

④手で皮をむく

第五章

3ステップで〆の一品

「〆の一品」は、ある種の花形的存在。
ここでは前作『家メシ道場』同様、
(だいたい)3ステップでビシッと仕上げる、
がっつりメニューがてんこ盛り。
自信を持っておすすめする、
〆の13品は、もちろん家族の食事にも
なるものばかり。さあさ、寄ってらっしゃい、
作ってらっしゃい!

炒めない焼きうどん

壱 豚肉、キャベツは一口大に切り、タマネギは薄くスライス。鍋に湯（分量外）を沸かし、野菜を入れ、火を止めて30秒で引き上げる。残り湯で、豚肉をサッと洗う。

弐 別の鍋に湯を沸かし、冷凍うどんを温め、ザルにあげる。

参 フライパンにゴマ油、にんにく、壱の豚肉と野菜を入れ、強火で炒める。めんつゆ、塩こしょうで、少し濃い目に味を調えて火を止め、弐のうどんをあえる。

メモ
焼きうどんは「炒める」のではなく、具と「あえる」だけにして、麺のエッジを残す。野菜から出た汁や油などを麺にからめる。削り節などをかけてもいい。

［材料］ つまみ 二人分　食事 一人分

冷凍うどん…1玉
豚こま切れ肉
（または豚バラ薄切り肉）…50g
キャベツ…1〜2枚
タマネギ…1/4個
その他、お好みの具

調味料・油
ゴマ油…大さじ1
おろしニンニク（チューブ）…1cm
めんつゆ（3倍濃縮）…大さじ1〜2
塩・こしょう…各適量
削り節（好みで）…適宜

半熟チキン卵ライス

壱 タマネギはみじん切りにする。鶏肉は2cm角に切り、塩、こしょうで下味をつける。茶碗1杯分のごはんにマヨネーズを混ぜる。

弐 フライパンにサラダ油を入れ、タマネギと鶏肉を炒める。タマネギが透き通ったら、ごはんを入れ、さらに炒める。

参 弐をフライパンの片側に寄せ、空いた場所でケチャップを炒める。ケチャップが少し煮つまったら、全体を一気に混ぜ、皿に取り、半熟ゆで卵をのせる。

メモ 冷やごはんしかなければ、炒める前に電子レンジで温めておく。

[材料] つまみ 二人分　食事 一人分

鶏モモ肉…60g
タマネギ…1/2個
半熟ゆで卵(P12)…1個
あたたかいごはん…茶碗1杯分(約150g)

調味料・油
サラダ油…小さじ1
ケチャップ…大さじ2〜3
マヨネーズ…大さじ1
塩・こしょう…各適量

超半熟ぜいたく卵かけごはん

壱 鍋に少量の熱湯を沸かし、お尻に押しピンで穴を開けた卵を入れ、フタをして中火にかける。

弐 茶碗にごはんを盛り、小口切りにした長ネギと削り節をかけておく。

参 2分加熱した卵を、鍋から取り出し、ごはんの上に割り入れる。カラの内側についた半熟の白身をスプーンでこそげ、ごはんにのせしょうゆを回しかける。

メモ 卵の白身の半分を加熱してプルプル感を出し、黄身と残り半分の白身は生の状態を保つよう、卵のゆで加減に気を配る。

［材料］ 食事 一人分

卵…1個
あたたかいごはん…茶碗1杯分
ネギ…5cm

調味料・油
削り節・しょうゆ…各適量

納豆カルボナーラ

［材料］ つまみ 二人分
食事 一人分

パスタ…100〜120g
ネギ…5cm
ひきわり／小粒納豆…1パック
生卵…1個
スライスチーズ（とろけるタイプ）…1枚

調味料・油
納豆のタレ・からし…1パック分
しょうゆ（3倍濃縮のめんつゆ）…小さじ1

壱 鍋にたっぷりの湯を沸かし、塩を入れ、パスタをゆでる。ネギは小口切り（またはみじん切り）にする。

弐 納豆と卵をよくまぜ、スライスチーズをちぎり入れる。調味料をすべて入れ、よく混ぜる。

参 ゆであがったパスタに弐をからめ、ネギをちらす。

メモ パスタは熱々のうちにからめて、卵を半熟状態にする。

サケ寿司

［材料］ つまみ 二人分
食事 一人分

ごはん…茶碗1杯分
鮭フレーク…50g
きざみ海苔…適量

調味料・油
すし酢…小さじ1

壱 ごはんにすし酢と鮭フレークを混ぜる。

弐 皿に盛りつけ、きざみ海苔をのせる。

メモ 冷凍ごはんを電子レンジでチンしたものに、海苔を手でちぎってもOK。瓶詰めの鮭フレークは何かと便利。

きちんと定番 ナポリタン

壱 鍋にたっぷりの湯を沸かし、1%の塩を入れ、パスタをゆでる。

弐 タマネギはくし形に、ピーマンとウィンナーは好みの大きさに切り、バターを溶かしたフライパンで強火で炒める。

参 表示時間より1分早く引きあげたパスタとケチャップ、ウスターソース、ゆで汁少しをフライパンに加えて炒める。、火を止めてバターを入れる。

メモ
ゆで汁を加えるとツルツルとした食感に。パスタはフライパンで加熱が進むので、表示時間よりも早めにひきあげて。お好みでタバスコ、粉チーズ、こしょうを。

［材料］ つまみ 二人分　食事 一人分

パスタ…100〜120g
タマネギ…1/4個
ピーマン…1個
ウィンナー…2本

調味料・油
サラダ油…小さじ1
バター…ひとかけ(5g)
ケチャップ…大さじ2〜3
ウスターソース…小さじ1〜2
塩…ゆで湯の1%
タバスコ・粉チーズ・こしょう(好みで)…各適宜

バターしょうゆライス

[材料] つまみ 二人分
食事 一人分

ごはん…茶碗1杯分

調味料・油

バター…ひとかけ(5g)
しょうゆ…適量

壱 あたたかいごはんを茶碗に盛る。

弐 ごはんにバターをのせ、しょうゆを回しかける。

メモ
トッピングに、削り節、チーズ、黒こしょう、たらこ、鮭フレーク、しらす干しなども合う。P29の海苔の佃煮やなめたけとの相性も◎。

サーファー麺

[材料] つまみ 二人分
食事 一人分

そうめん…2束(100g)
タマネギ…1/4個
ツナ缶(オイル漬けタイプ・小)…1缶
ネギ(青い部分)…適量

調味料・油

めんつゆ(3倍濃縮)…大さじ1
黒こしょう(あれば)…適宜
水…2カップ(400mℓ)

壱 鍋に分量の湯を沸かし、スライスしたタマネギを入れる。ネギの青い部分は斜めに切る。

弐 鍋にそうめんを加え、ひと煮立ちしたらツナ缶をオイルごと加える。

参 めんつゆで味を調え、好みで黒こしょうをふる。器に盛り、ネギをちらす。

メモ
そうめんに含まれている塩分がゆで汁に溶け出すので、調味は味見をしながら。

きのこのチーズリゾット

壱 きのこは石づきを取り、一口サイズに切る。タマネギはみじん切りに、ベーコンは１㎝幅に切る。

弐 フライパンにバターを熱し、中火でにんにく（チューブ）、タマネギを炒める。タマネギが透き通ったら、きのこ、ベーコン、ごはんを加え、サッと炒め合わせる。

参 牛乳を加えて、煮つめる。粉チーズを加えて、塩、こしょうで味を調える。

メモ 粉チーズがなければ、とろけるタイプのチーズでもいい。プロセスチーズなら具としての味わいも。

［材料］ つまみ 二人〜三人分　食事 一人分

旬のきのこ…合計1パック分
ベーコン…2枚
タマネギ…1/4個
ごはん…茶碗1杯分

調味料・油
バター…ひとかけ（5g）
おろしにんにく（チューブ）…1cm
塩・こしょう…各適量
牛乳…1/2カップ（100㎖）
粉チーズ…適量

アヒ・ポキ丼

［材料］ つまみ 二人～三人分
食事 一人分

マグロのサク…80g
タマネギ…1/8個
アボガド…1/4個
卵黄…1個分
ネギ…5cm
ごはん…茶碗1杯分

調味料・油
しょうゆ…大さじ2
ゴマ油…大さじ1/2
おろしにんにく・しょうが（いずれもチューブ）…各1cm
炒りゴマ（あれば）・刻み海苔…適量

壱 マグロとアボカドは1・5cm角に切り、タマネギはスライス、ネギは小口切りにする。

弐 壱をすべての調味料を合わせた調味液に10分程度漬ける。

参 刻み海苔を敷いたごはんの上に弐をのせ、中央に卵黄を落とす。

メモ
ハワイのマグロ漬け丼。アヒはマグロ、ポキは「切り身」や「刺身」という意味。

ツナマヨごはん

［材料］ つまみ 二人分
食事 一人分

ツナ缶（小）…1缶
トマト…1/2個
ごはん…茶碗1杯分

調味料・油
マヨネーズ…大さじ1
しょうゆ…小さじ1
黒こしょう（好みで）…適宜

壱 皮をむいたトマト（P62）をなんとなくさいの目に切る。

弐 壱にツナと、すべての調味料を混ぜ、ごはんにのせる。

メモ
黒こしょうをきかせると引き締まった味わいに。

刺身昆布茶〆茶漬け

壱 お茶漬け海苔の粉のみ（もしくは昆布茶）を日本酒に溶かし刺身にあえ、冷蔵庫で30分〜1時間ほど寝かせる。

弐 刺身をごはんにのせ、お茶漬け海苔の海苔とあられ（または海苔）、しょうゆ、お茶をかけ、わさびを添える。

メモ
お茶漬け海苔の粉や昆布茶には旨味と塩分が程よく含まれているので、刺身がいい味になる。日本酒を使うことで、生臭み取りにもなる。

［材料］ つまみ 一人分　食事 一人分

刺身…数切れ
（刺身ミックスでも）
ごはん…茶碗1杯分

調味料・油
お茶漬け海苔の素（昆布茶）…1袋
日本酒…小さじ1
しょうゆ…小さじ1/2
わさび（チューブ）…2cm

天かすにぎり

壱 天かすにめんつゆをあえる。

弐 ごはんに壱を混ぜ込む。

参 手に少し塩をして、おにぎりにする。

メモ

天かすは専門店で売っているのものや、エビやイカ入りもおすすめ。塩昆布を一緒に混ぜ込むなどのアレンジも。

[材料] つまみ 二人分　食事 一人分

ごはん…丼1杯分
天かす…ふたつかみ分
焼き海苔…適量

調味料・油
めんつゆ(3倍濃縮)…大さじ2
塩…適量

大人の

家呑み力検定

石原壮一郎（給食系男子**五合**）

ひとりで静かに呑むもよし、友達や恋人と楽しく呑むのも、またよし。そんな家呑みの魅力をさらに深く味わうために、あなたがどんなタイプの“家呑み力”を備えているかを診断します。タイプ別のオススメのレシピをマスターして、新たな一歩を踏み出しましょう。

【ひとり呑み編】

Q1

冷蔵庫に賞味期限ギリギリの食材がたくさんあるので、今日は早く帰って家呑みしたい。ところが、隣りの席の同僚に「帰りにビールでもどう？」と誘われた。どう断るか？

1. 「冷蔵庫に微妙な感じの食材がたくさんあるから」と正直に言う □
2. 「せっかくなんだけど、ちょっと用事があって」と理由をボカす □
3. 「今日はひとりで呑みたい気分なんだぜ……」と渋い一面を見せる □

Q2

飲み会で初対面の女性に「自分でおつまみを作って、ひとり気ままに家呑み」の魅力を語っていたら、「へー、カッコいいですね」とホメられた。適切なリアクションはどれ？

1. 「たんに友達がいないってだけで、カッコよくはないよ」とテレる
2. 「よかったら、今度ひとり呑みするときに遊びに来ない？」と誘う
3. 「でも、こうやって大勢で飲むのも好きだけどね」とフォローする

Q3

いろいろ凝ったおつまみを作りつつ、ひとりのんびり家呑み。おつまみの写真をフェイスブックにアップしたら、友達が「さびしいねー」とコメントを付けた。なんて返す？

1. 「ひとりだからさびしいと思うのは、さびしい考え方だよね」
2. 「ヒー、言われちゃった（泣）。でも、ひとりもいいもんだよ」
3. 「目の前にエア彼女がいて、楽しく話しているから大丈夫さ！」

A.1 ①2点 ②5点 ③0点

【解説】常に冷蔵庫の食材状況を把握しておくのは“家呑みスト”の基本であり、いかに段取りよく消費していくかが生活の最優先課題です。ただし、それはあくまで自分の中に秘めておけばいいこと。１のように言っても「俺と呑むより食材のほうが大事なのか」とムッとされるだけです。２の言い方で誘いを振り切ってさっさと家に帰り、ひとり呑みの愉悦に身を委ねましょう。３は、こっちは冗談のつもりでも、嫌っていると思われそうです。

A.2 ①2点 ②5点 ③0点

【解説】家呑みの魅力に溺れて、ひとり呑みを楽しんでいる自分にうっかりウットリしていると、こんな適当なあいづちも本気のホメ言葉に聞こえてしまいます。ハッと我に返って、今は飲み会だということを思い出しつつ3のようにフォローできるのが、冷静でたくましいひとり呑み力に他なりません。１も我に返ってはいますが、せっかくホメてくれた気持ちを踏みにじっています。２は何を言っているのか意味がわからず、唖然とされてしまうでしょう。

A.3 ①0点 ②5点 ③3点

【解説】自分としてはむしろ自慢のつもりで写真をアップしたのに、心外な反応です。しかし、ムキになって反論するのも大人げないし、そういう単細胞なヤツに話が通じるとも思えません。１だと間違いなく不愉快なやり取りに発展して、せっかくの優雅な時間が台無しになります。３も小粋な対応ですが、強がっていると思われるかも。ここは2の返しで、華麗にあしらいつつ、やり取りを傍観している第三者に華麗な大人力を見せつけましょう。

【おもてなし編】

Q4

友達を招いてちょっとしたホームパーティ。手料理を出したら、女友達のひとりが「すごいなあ。ウチの彼なんて、自分でご飯も炊けないんだよ」と嘆いている。どう返すか？

1. 「アハハ、そりゃすごいなあ。機械が苦手なわけじゃなくて？」
2. 「それはさすがに、やり方を教えてあげたほうがいいんじゃない」
3. 「○○ちゃんが、そういう男性が好きなんだから仕方ないよね」

Q5

付き合い始めたばかりの彼女を部屋に招いて、じっくり家呑み。キッチンで仕込んだ料理の仕上げをしていたら、彼女が「手伝おうか？」と言ってきた。望ましい対応はどれ？

1. 「気にしないでテレビでも見てて」とやさしさを見せる
2. 「じゃあ、近くで応援してて」と提案する
3. 「そうだね、いっしょに作ろうか」と素直に応じる

A.4 ① 5点 ② 2点 ③ 0点

【解説】あまりにもダメダメな彼氏ですが、女友達はけっして嘆いているわけではありません。わざわざそんな話を披露しているのは、その薄っぺらい「男らしさ」を自慢したいから。３はそのとおりですけど、本人は己の底の浅さを容赦なく指摘された気になるでしょう。２も大きなお世話です。ここは１がベスト。こっちは思いっ切りバカにしたつもりでスッキリできるし、言われたほうはホメられたと勘違いしてさらにノロケてくれそうです。

A.5 ① 0点 ② 5点 ③ 3点

【解説】料理好きな男子は、ゲストをもてなすことより、料理に没頭する快感に溺れてしまいがち。彼女がそう言っているのは、「せっかく来てやってるのに、ほっとくんじゃないよ」という抗議に他なりません。追っ払ってしまう１は論外。３でもいいのですが、実際に手伝う気はなかったり、技量がなかったりするケースもしばしばあります。ここは２のセリフを返して、彼女のニーズに応えつつ、かわいげを見せて甘い雰囲気を盛り上げましょう。

判定 Q1～5の点数を合計してみましょう。

18～25点のあなた ▶

みんなが幸せな家呑み力

あなたの家呑み力は、一分のスキもありません。どんな状況の家呑みでも、参加者全員が深い満足と感動を覚えるでしょう。

9～17点のあなた ▶

そこそこ楽しい家呑み力

あなたの家呑み力は、問題はありませんがインパクトもありません。ま、お酒の力のおかげで、普通には盛り上がるでしょう。

0～8点のあなた ▶

悪酔いに注意の家呑み力

あなたの家呑み力は、かなり危険なシロモノ。飲み過ぎたりはしゃぎ過ぎたりで、次の日に頭を抱えることになるでしょう。

家呑み力タイプ診断

あなたにオススメのレシピはこれ！

「家呑み」の楽しみ方は多種多様。あなたは、どんな呑み方が得意＆好きなのか。
「ひとり呑み編」と「おもてなし編」、それぞれの合計得点から
あなたのタイプを判定し、オススメのレシピをご紹介します。

華麗にテキパキ

地道にじっくり

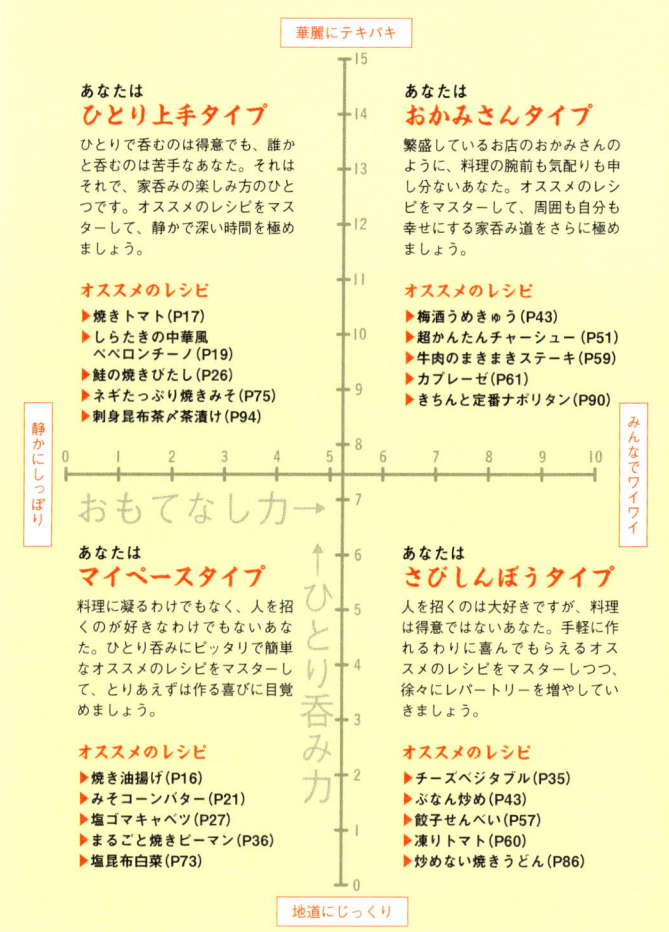

静かにしっぽり

みんなでワイワイ

おもてなし力→（0〜10）

↑ひとり呑み力（0〜15）

あなたは
ひとり上手タイプ

ひとりで呑むのは得意でも、誰かと呑むのは苦手なあなた。それはそれで、家呑みの楽しみ方のひとつです。オススメのレシピをマスターして、静かで深い時間を極めましょう。

オススメのレシピ

- ▶焼きトマト(P17)
- ▶しらたきの中華風ペペロンチーノ(P19)
- ▶鮭の焼きびたし(P26)
- ▶ネギたっぷり焼きみそ(P75)
- ▶刺身昆布茶〆茶漬け(P94)

あなたは
おかみさんタイプ

繁盛しているお店のおかみさんのように、料理の腕前も気配りも申し分ないあなた。オススメのレシピをマスターして、周囲も自分も幸せにする家呑み道をさらに極めましょう。

オススメのレシピ

- ▶梅酒うめきゅう(P43)
- ▶超かんたんチャーシュー(P51)
- ▶牛肉のまきまきステーキ(P59)
- ▶カプレーゼ(P61)
- ▶きちんと定番ナポリタン(P90)

あなたは
マイペースタイプ

料理に凝るわけでもなく、人を招くのが好きなわけでもないあなた。ひとり呑みにピッタリで簡単なオススメのレシピをマスターして、とりあえずは作る喜びに目覚めましょう。

オススメのレシピ

- ▶焼き油揚げ(P16)
- ▶みそコーンバター(P21)
- ▶塩ゴマキャベツ(P27)
- ▶まるごと焼きピーマン(P36)
- ▶塩昆布白菜(P73)

あなたは
さびしんぼうタイプ

人を招くのは大好きですが、料理は得意ではないあなた。手軽に作れるわりに喜んでもらえるオススメのレシピをマスターしつつ、徐々にレパートリーを増やしていきましょう。

オススメのレシピ

- ▶チーズベジタブル(P35)
- ▶ぶなん炒め(P43)
- ▶餃子せんべい(P57)
- ▶凍りトマト(P60)
- ▶炒めない焼きうどん(P86)

給食系男子 プロフィール紹介

給食系男子 一合
小林智之
（こばやし・ともゆき）

大手広告代理店勤務を経て、システム会社と不動産会社を経営しつつ、食イベントなどの企画・運営を行う、株式会社スタジオフーズを設立し、代表に就任。不真面目に食を考える飲食関係者。食べ手としては「がっつり飯」を愛し、作り手としては日夜「酒の肴＝ご飯のおかずになるもの」の開発に注力する。全方位的に食の楽しさを追及するトリックスター料理人

給食系男子 二合
廣瀬公将
（ひろせ・ともゆき）

おいしいものとマンガをこよなく愛するシステムエンジニア。生家は極上のコシヒカリを生産する稲作農家。田植えや稲刈りを楽しんだ後、収穫物を仲間とワイワイ食べる場が大好物。料理好きが高じて、友達の集まりやイベントで料理を供するようになる。イタリアンなどハイカロリー&高カルマな食事に加えて、和食をレパートリーに追加し始めた笑顔の満腹料理人

給食系男子 三合
松浦達也
（まつうら・たつや）

編集者／ライター／プランナーなど、肩書き常時混乱中の（有）馬場企画代表にして、日本BBQ協会公認上級BBQインストラクター。料理研究家の連載を担当するほか、食コラムの連載なども。好きな温度帯は55～78度。好きな「酸」はグルタミン酸、イノシン酸、グアニル酸。原価と仕込み時間を度外視し、まっとうっぽいものを作りたがるオカン料理人

給食系男子 四合
森澤剛史
（もりさわ・たけし）

料理マンガ好きが高じて脳内に『Oしんぼ』のY岡さんが住み着いた広告プランナー／ディレクター。イメージ先行、勢いだけのスリーコードパンク料理が信条。調理後の片づけが苦手、買い物ではスーパーの全動線を埋める、原価無視……など、残念な料理男子の典型。ノリと思いつきで調理するため、二度と再現できない“奇跡の一品”をつくる四次元料理人

給食系男子 五合
石原壮一郎
（いしはら・そういちろう）

おいしいものが大好きな大人系&検定系コラムニスト。郷里である三重県が誇る、ふにゃふにゃした伊勢うどんの魅力を関東にも広めるべく、「伊勢うどん友の会」を発足。夜中のエネルギー源は「サッポロ一番」。ありあわせの材料で適当なおかずを作りつつ、持ち前の大人力で周囲を煙に巻く。楽しくワイワイすることに至上の喜びを見出す尻馬料理人

給食系男子 六合
小沢高広
（おざわ・たかひろ）

2人組漫画ユニット「うめ」の主に原作担当。『大東京トイボックス』で「マンガ大賞2012」の第二位に入った作家にも関わらず、そのポジションに甘んじることなく、アシスタントのまかない飯から家族の食事までこなす八面六臂の台所さばきに定評がある。「炊飯器の“早炊きモード”より早く料理を作る」をモットーに未開の地平を開拓し続ける、早起き子育て料理人

給食系男子 八合
田原大樹
（たわら・だいじゅ）

NYやバルセロナに滞在歴のあるIT企業会社員。父の仕事の関係で若年期から世界を股にかけ、アジアの屋台料理から日米欧の三ツ星レストランまで、世界100都市以上で食べ歩く。気づけば、各国でホームパーティー三昧。得意料理は三ツ星職人仕込みの握り寿司。ソウルフードは明太子とT-BONEステーキ。モットーは「基本こそすべて」という本気系週末料理人

給食系男子 **壱壱合**

野里元宏

（のざと・もとひろ）

日本画家になりたかった元ダンサーのITプロデューサー。美味しい料理を食べては我流アレンジを施す。どんな料理も、飲んで作って飲んで作って……を繰り返すうちに、酒の肴にしてしまう。オリーブオイルとニンニク・玉ねぎ・ハーブがあれば何でもまとめる“なんとなくイタリアン”を得意とする。器も盛り付けにもお酒の相性にもこだわりたい八方美人型料理人

給食系男子 **九合**

原田健一

（はらだ・けんいち）

出版系のネット書店部門に勤務する会社員。幼少時から「作って食べる」が大好きで、早稲田大学在学中には、下宿近くの食堂のおばちゃんに軒並み顔を覚えられる始末。「出汁」が和洋中問わず大好きで、魚介類と香味野菜にいつも夢中。座右の銘は「食べものに貴賤なし」。西へ東へと自分を幸せにしてくれる飲食店を探し続ける、爆食料理人

給食系男子 **十二合**

近藤潤

（こんどう・じゅん）

高校時代の夜食作りがきっかけで調理の虜になったWebディレクター。その情熱は大学卒業後、一度は飲食チェーンに就職したほど。現在もフードコーディネーターの資格取得に邁進するなど、調理に対する技術と知識習得に余年がない。娘に「夕飯はパパのオムライス」と告げると、ピタリとお菓子を止めてくれるのがうれしくて仕方がない、スマイル創造料理人

給食系男子 **十合（一升）**

河口朋浩

（かわぐち・ともひろ）

料理人の母親のもとで育ち、料理人を目指した時期もあったが、10代でバンドにハマリ、上京。だが食べ物との運命は切り離せず、食い扶持を稼ぐのは、定食屋、弁当屋、お好み焼き屋、喫茶店などの飲食業ばかり。高給に惹かれ、トラックドライバーになったはずが、結局、積荷は業務用食品。「食べ手の喜びがすべて」が信条。顧客満足に全精力を傾ける奉仕系料理人

給食系男子 **十三合**

山口遼

（やまぐち・りょう）

アウトドアー家育ちのハイトーンヴォーカリスト。初めての調理体験は幼稚園当時、「キャンプでのカレー」（の野菜切り）。メニューを妄想する時間と、思い通りに仕上がった料理を客に提供する瞬間が至福。メニューに悩むと乳製品、卵、トマトに走るクセがある。昭和と平成の端境期に生まれた、ほどよく“昭和×ゆとり”な世代ハイブリッド型料理人

給食系男子 **二升八合**

小野雄介

（おの・ゆうすけ）

あちらこちらで食関連イベントの手伝いをしていたら給食系男子にも参加してしまった、コンテンツ・ディレクター。毎年秋口に行われる「サンマーソニック」で100匹単位のサンマを焼く姿は、もはや秋の風物詩。また「単純作業を好む」ので、焼く、ゆでるなどの一工程が大好き。ホテルでのアルバイト経験を活かし、皿洗いに腐心する、「職業不明系」料理人

Facebookを拠点に「配膳」イベントを定期開催。Facebookではイベントに登場した料理のレシピ紹介も。

給食系男子
www.facebook.com/kyushokukeidanshi

給食系男子 **一合半**

石橋匠

（いしばし・たくみ）

見た目のチャラさとは裏腹に、繊細な仕事をする、メンバー唯一の平成生まれ。まじめに料理人を目指しつつも、「できるだけ洗い物はしない」を努力目標に掲げる、驚きのゆとりマインドを持つ。「夜の生徒会長」として北関東に名を轟かせたヤル気で昭和生まれのおっさんたちを圧倒する。上司である一合の寝首をかこうと本気で企んでいるらしい、若手野心家料理人

給食系男子の本気の
鉄板ツマミ
メンバーそれぞれがお送りする、
自信の「テッパン」つまみ。

【一合・小林智之の鉄板ツマミ】

牡《か》蠣《き》のオイル漬け

壱 自然解凍した牡蠣を濃い目の塩水で洗い、フライパンに入れ、強火にかける。

弐 身から水分が出はじめたら、しょうゆ、酒を入れ、汁気がほぼなくなるまで煮つめる。

参 口が広い瓶に牡蠣を汁ごと入れ、赤唐辛子とスライスしたにんにくを入れて混ぜ、完全にかぶるくらいまでオリーブオイルを注ぐ。

メモ
「冷蔵庫で1か月程度は保つ保存食です。味がなじむ2～3日目からが食べごろ」（一合）

［材料］ つまみ 六人～八人分　おかず 四人分

冷凍牡蠣…20個

調味料・油
- 塩…軽く、ひとつかみ
- 酒…1/2カップ（100㎖）
- しょうゆ…大さじ3～4
- 赤唐辛子（輪切り）…2本分
- にんにく…2かけ
- オリーブオイル…適量

【三合・廣瀬公将の鉄板ツマミ】

サバタマネギ

壱 耐熱皿にスライスしたタマネギを敷き、その上にサバの身をほぐして敷きつめ、缶の汁をかける。

弐 しょうゆを回しかけ、オーブントースターで20分焼く。仕上げにこしょうをかける。

メモ

「バーナーがあれば、表面に焼き色をつけると、味だけでなく、見た目にも香ばしさが増します」（二合）

［材料］ つまみ 四人分　おかず 二人分

サバ水煮缶…1缶（200g）
タマネギ…1/4個

調味料・油
しょうゆ…小さじ2
こしょう…適宜

【三合・松浦達也の鉄板ツマミ】

かんたんローストポーク

壱 豚肉は常温に戻し、塩、こしょうをたっぷりとすり込む。

弐 アルミホイルで受け皿を作り、スライスしたタマネギを敷き壱をのせる。

参 オーブントースターに弐を入れ、15分焼いてトースター内で15分寝かせる。肉の上下をひっくり返して、もう15分焼き、そのまま30分寝かせる。

メモ

400gで「『焼き15分＋寝かせ15分』（最後の回の寝かせのみ30分）が基本セット。100g増えるごとに、焼き時間を5分延長する。600gなら2セット＋焼き10分＋最後の寝かせ30分が目安」（三合）

［材料］ つまみ 八人分　おかず 四人分

豚肩ロースブロック肉…400g
タマネギ…1/2個

調味料・油
塩、こしょう…適量

【四合・森澤剛史の鉄板ツマミ】

豚とレタスのレモン鍋

壱 レタスは5㎝角に、豚肉も5㎝幅に切り、鍋にレタスと豚肉を交互に重ねる。

弐 白ワイン（または日本酒）としょうゆを回しかけ、フタをして弱火に10分ほどかける。

参 豚に火が通ったら火を止める。レモン1個分を輪切りにしたものをまんべんなくのせて再びフタをし、2分ほど蒸す。

メモ

「簡単で、さっぱり食べられ、見た目にも華やかなのでおもてなしにもいい。お好みでポン酢をかけてもおいしいです！」（四合）

［材料］ つまみ 八人分　おかず 四人分

豚バラ薄切り肉…300～400g
レタス…1玉
レモン…1個

調味料・油
白ワイン（または日本酒）…大さじ3
しょうゆ…大さじ3

【五合・石原壮一郎の鉄板ツマミ】

伊勢うどん風ヘルシーぶっかけうどん

壱 調味料をすべて合わせたものを2分ほど煮立たせ、タレを作る。鶏肉、キャベツを一口大に切っておく。

弐 鍋に湯を沸かし、うどん玉と鶏肉を3分ゆでる。キャベツを加え、再沸騰したら火を止めて、そのままもう3分置く。

参 湯きりをし、器に盛って壱のタレ、削り節、七味唐辛子をかける。

メモ

「うどんは表示時間通りにゆでた後、同じ時間、湯の中に置くとやわらかい食感に。タレに使うしょうゆは、あればたまり醤油がおすすめ。普通のめんつゆをかけてもおいしいですよ」（五合）

［材料］ つまみ 三人分　食事 一人分

うどん玉…1玉
鶏モモ肉…50g
キャベツ…100g

調味料・油

めんつゆ（かけつゆの濃さに希釈したもの）…1/4カップ（50mℓ）
しょうゆ…大さじ1　酒…小さじ1
みりん…大さじ1　削り節…3g
砂糖…小さじ1

【六合・小沢高広の鉄板ツマミ】

ベトナム炒め

壱 牛肉は細切りに、白菜漬けはざく切りにする。

弐 フライパンにゴマ油を熱し、強火で牛肉と白菜漬けを炒め、鍋肌にしょうゆ（ナンプラー）を回しかける。

メモ
「古くて酸っぱくなった白菜でもおいしくなる。しょうゆの量は、白菜の塩けに合わせて調整。名前の由来は、ベトナムに行ったことのない母が、これがベトナム風だと言い張ったから」
（六合）

［材料］ つまみ 四人～五人分　おかず 二人～三人分

牛こま切れ肉
（または牛バラ薄切り肉）…100g
白菜漬け…1袋（200gくらいのもの）

調味料・油
ゴマ油…小さじ1
しょうゆ（あればナンプラー）…適量

【八合・田原大樹の鉄板ツマミ】

シーフードミックスのアヒージョ

壱 小鍋にシーフードミックスとにんにく（チューブ）を入れ、オリーブオイルをひたひたになるまで入れ、中弱火にかける。

弐 5分ほど火にかけ、シーフードミックスに火が入ったら、塩とパセリで味を調える。

メモ

「シーフードミックスは長時間加熱しすぎると、水分が抜けて小さくなってしまうので、適度な加減で食卓へ。カリカリに焼いたフランスパンなどを添えてみて」（八合）

［材料］ つまみ 四人～五人分　おかず 二人～三人分

シーフードミックス…1カップ

調味料・油

オリーブオイル…1/2カップ（100mℓ）

にんにく（チューブ）…小さじ1

塩…小さじ1/2

乾燥パセリ…適量

【九合・原田健一の鉄板ツマミ】

油揚げのばくだん

壱 ネギは小口切りにし、タレを加えた納豆とよく混ぜる。

弐 油揚げは正方形になるよう二等分して、袋状になるように中に切り目を入れ、壱を袋の中に詰める。

参 弐をフライパンに入れ、中火で両面を焼く。軽く焦げ目がついたら皿に取り、しょうゆをかける。

メモ
「仕上げの調味をからし醤油にしたり、薬味にみょうがや削り節などを加えてもおいしい。熱々のうちにぜひ！」（九合）

［材料］ つまみ 二人分　おかず 二人分

油揚げ…１枚
納豆…１パック
ネギ…5cm

調味料・油
しょうゆ…適量
（あれば）練りがらし…適量

【十合（一升）・河口朋浩の鉄板ツマミ】

ニンジンのはちみつレモン酢漬け

壱

ニンジンは皮をむき、太さ3㎜ほどのスティック状に切る。レモンの2／3個分は果汁をしぼり、残り1／3個分はいちょう形にスライスする。

弐

密閉容器や保存袋に、すべての材料を入れて冷蔵庫へ。一晩漬け込む。

メモ

「我が家の定番メニュー。ニンジンの苦手な友人からも『これなら食べられる！』と大好評の一品ですが、僕は野菜が大の苦手です……」（十合）

［材料］ つまみ 三人～四人分　おかず 二人分

ニンジン…1本
レモン…1個

調味料・油
酢…1/2カップ（100㎖）
はちみつ…1/2カップ（100㎖）

【壱壱合（十一合）・野里元宏の鉄板ツマミ】

丸ごとガーリックトースト

壱 小鍋にサラダ油を3㎝ほど入れ、弱火にかけ、にんにくを丸ごと入れる。

弐 10分を目安に、皮の一部が焦げるくらいこんがりとなるまで揚げ、上から1／3を水平に切り落とす。

参 1～2㎝幅にスライスしたフランスパンをオーブントースターで焼き色が軽くつく程度に焼き、バターとにんにくをバターナイフですくってパンに塗る。

メモ

「来客用の一味違ったガーリックトースト。にんにくを丸ごと一個使うと見映えもよく、みんなでワイワイとパンに塗るのも楽しいです」（壱壱合）

［材料］ つまみ 三人～四人分　おかず 二人分

にんにく（丸ごと）…1個
フランスパン（スライスしたもの）…6枚

調味料・油
バター…適量
サラダ油…適量

【十二合・近藤潤の鉄板ツマミ】

塩辛トマトパスタ

壱 フライパンにオリーブオイル、にんにく（チューブ）、塩辛を入れ、中火で香りが立つまで炒め、トマト水煮缶を手でつぶしながら加え、半量を目安に煮つめる。

弐 鍋にたっぷりの湯を沸かし、塩を入れ、パスタをゆでる。

参 壱にゆであがったパスタを入れて、あえる。最後に塩、こしょうで味を調える。

メモ

「アンチョビの代わりに、イカの塩辛を使ったところ、メンバーからも思いのほか大好評でビックリ。ソースが煮詰まりすぎたら、パスタのゆで汁で調整してください」（十二合）

［材料］ つまみ 二人〜三人分　食事 一人分

トマト水煮缶（ホールタイプ）…1/2缶
イカの塩辛…大さじ2
パスタ…100〜120g

調味料・油
オリーブオイル…大さじ2
おろしにんにく（チューブ）…大さじ1
塩・こしょう…適量

【十三合・山口遼の鉄板ツマミ】

牛モモミルク煮

壱 一口大に切った牛モモ肉に塩、こしょうと小麦粉をまぶし、タマネギをスライスしておく。

弐 中火にかけたフライパンにサラダ油とにんにく（チューブ）を入れ、牛肉、タマネギの順に入れて炒める。

参 タマネギがしんなりしたら分量の水とコンソメを加え、牛乳を入れて煮つめる。最後に、バター、塩、こしょうで味を調える。

メモ 「ほどよくトロ〜ンとなるくらいが僕は好きです。ごはんにかけて、シチューライスみたいにするのもおいしい！」（十三合）

［材料］ つまみ 四人分　おかず 二人分

牛モモ薄切り肉…200g
タマネギ…1個

調味料・油
小麦粉…大さじ2
サラダ油…小さじ1
おろしにんにく（チューブ）…1cm
水…1/2カップ（100mℓ）
顆粒コンソメ…小さじ1
牛乳…1カップ（200mℓ）
塩・こしょう…適量
バター…ひとかけ（5g）

【二升八合（28号）・小野雄介の鉄板ツマミ】

かんたんチョリソー

壱 フライパンにあらびきソーセージを入れ、中火にかける。

弐 ジューッという音が立ったら、ソーセージの上からタバスコをふりかけながら、ソーセージがほどよく色づくまで炒めていく。

メモ

「炒めながら、タバスコをかけることでソーセージにタバスコの味がなじみ、チョリソーのような一体感のある味わいになる。粒マスタードがあれば、なお良し！」（二升八合）

注意

調理中、涙が止まらない、咳き込むなどの症状が頻出する、本書掲載中もっとも凶悪なレシピ。部屋中にタバスコの辛味成分が充満するので、子どもや辛いものが苦手な人がいるときには、決して作ってはならない……が、旨い！

［材料］ つまみ 三人〜四人分　おかず 一人〜二人分

あらびきソーセージ…1袋

調味料・油

タバスコ…適量

【一合半・石橋匠の鉄板ツマミ】

鶏肉と小松菜のサッと煮

壱 鶏モモ肉は一口大に、小松菜は根を落とし、約5㎝幅に切る。

弐 鍋に分量の水と調味料をすべて入れる。沸騰したら鶏モモ肉を入れ、3分ほど煮込んでから、小松菜を加える。再沸騰したら火からおろす。

メモ

「青菜は小松菜のほか、水菜やチンゲン菜などもおすすめ。ちなみに僕は春菊バージョンが一番好きです！」（一合半）

【材料】 つまみ 三人～四人分　おかず 二人分

鶏モモ肉…200g
小松菜…1/2把

調味料・油
水…1カップ（200㎖）　砂糖…大さじ1
酒……1/4カップ（50㎖）　しょうゆ…1/4カップ（50㎖）

索　引

ビールによく合う

焼き油揚げ…16
焼きトマト…17
タルタル半熟卵…18
しらたきの中華風ペペロンチーノ…19
バカウマ野菜炒め…20
塩ゴマ冷や奴…21
みそコーンバター…21
トマトとキャベツのポン酢しょうゆ…22
豚肉のケチャップソース炒め…23
雷豆腐ステーキ…23
ブロッコリーのアーリオオーリオ…24
パリパリしらすチーズ焼き…25
鮭の焼きびたし…26
豚肉のたまご煮…26
塩ゴマキャベツ…27
キムやっこ…27
温泉風卵…27
鮭トバの酒びたし…28
トマトと牛肉の炒め…32
湯豆腐…33
チーズベジタブル…35
まるごと焼きピーマン…36
豚肉のみそ焼き…37
野菜スティックヨーグルトソース…37
ブリの照り焼き…38
ニラのおひたし…39
紅ショウガのかき揚げ…40
トマトエッグ…40
しっとり卵サラダ…41
キャベツのコンビーフ炒め…41
ナスの浅炊き…41
鮭のマヨネーズ焼き…42
ししとうじゃこ炒め…42
梅酒うめきゅう…43
ぶなん炒め…43
ピリ辛こんにゃく…43
フライパンで焼きリンゴ…44
即席リンゴジャム…45
ヘルシータラコディップ…48
マヨ缶ディップ…49
揚げないハッシュポテト…50
超かんたんチャーシュー…51
鶏のコーラ煮…52
粥しゃぶ…53
とり天…54
塩辛バーニャカウダ…55
砂肝のガリガリごりごり炒め…55
ブロッコリーとポテトの塩辛マヨネーズ…56
明太ジャガチーズ…56
餃子せんべい…57
もやしナムル…57
五色納豆…57
カレーフォンデュ…58
トマトの煮びたし…58
ジューシーゆで鶏…59
牛肉のまきまきステーキ…59
カプレーゼ…61
酢鶏…64
鶏からあげの甘辛煮…65
アジフィレオサラダ…66
アジフライのチーズ焼き…67
がっつりアジフライ丼…67
コロッケサンド…68
コロッケスープ…69
告白オムレツ…69
もちチーズ焼き…70
もち豚鍋…71
からみもち…71
とり白菜鍋…72
白菜のクリーム煮…73
長ネギのポトフ…74
ネギたっぷり焼きみそ…75
豚と大根のスライス鍋…76
大根のはちみつ漬け…77
山芋どうふ…78
ゆかり山芋…79
山芋ソテー…79
塩昆布クリームチーズ…80
クリームチーズの塩辛和え…81
クリーミートマトガーリック…81
アボカドソテー…82
アボカドトースト…83
アボカドのクリームチーズ和え…83
炒めない焼きうどん…86
半熟チキン卵ライス…87
超半熟ぜいたく卵かけごはん…88
納豆カルボナーラ…89
サケ寿司…89
きちんと定番ナポリタン…90
バターしょうゆライス…91
サーファー麺…91
きのこのチーズリゾット…92
アヒ・ポキ丼…93
ツナマヨごはん…93
刺身昆布茶〆茶漬け…94
天かすにぎり…95
牡蠣のオイル漬け…104

サバタマネギ…105
かんたんローストポーク…106
豚とレタスのレモン鍋…107
伊勢うどん風ヘルシーぶっかけうどん…108
ベトナム炒め…109
シーフードミックスのアヒージョ…110
油揚げのばくだん…111
ニンジンのはちみつレモン酢漬け…112
丸ごとガーリックトースト…113
塩辛トマトパスタ…114
牛モモミルク煮…115
かんたんチョリソー…116
鶏肉と小松菜のサッと煮…117

ワインによく合う

焼きトマト…17
しらたきの中華風ペペロンチーノ…19
トマトとキャベツのポン酢しょうゆ…22
豚肉のケチャップソース炒め…23
ブロッコリーのアーリオオーリオ…24
パリパリしらすチーズ焼き…25
小松菜のフローズンおひたし…25
豚肉のたまご煮…26
手作りなめたけ…28
うめわさび…29
おかかタマネギ…29
トマトと牛肉の炒め…32
タコのマリネ…34
チーズベジタブル…35
まるごと焼きピーマン…36
豚肉みそ焼き…37
野菜スティックヨーグルトソース…37
中華風コーンスープ…39
紅ショウガのかき揚げ…40
トマトエッグ…40
しっとり卵サラダ…41
キャベツのコンビーフ炒め…41
ナスの浅炊き…41
ししとうじゃこ炒め…42
ピリ辛こんにゃく…43
フライパンで焼きリンゴ…44
特濃水きりヨーグルト…45
即席リンゴジャム…45
マヨ缶ディップ…49
揚げないハッシュポテト…50
超かんたんチャーシュー…51
鶏のコーラ煮…52
粥しゃぶ…53
とり天…54
砂肝のガリガリごりごり炒め…55
ブロッコリーとポテトの塩辛マヨネーズ…56
明太ジャガチーズ…56
餃子せんべい…57
カレーフォンデュ…58
トマトの煮びたし…58
ジューシーゆで鶏…59
牛肉のまきまきステーキ…59
凍りトマト…60
バナナのスイートグラタン…60
手作りリコッタチーズ…61
カプレーゼ…61
酢鶏…64
鶏からの南蛮漬け…65
鶏からあげの甘辛煮…65
アジフィレオサラダ…66
アジフライのチーズ焼き…67
がっつりアジフライ丼…67
コロッケサンド…68
コロッケスープ…69
告白オムレツ…69
もちチーズ焼き…70
からみもち…71
塩昆布白菜…73
白菜のクリーム煮…73
長ネギのポトフ…74
長ネギ焼き…75
ツナと大根のさっぱりサラダ…77
大根のはちみつ漬け…77
山芋ソテー…79
塩昆布クリームチーズ…80
クリーミートマトガーリック…82
アボカドソテー…82
アボカドトースト…83
アボカドのクリームチーズ和え…83
炒めない焼きうどん…86
半熟チキン卵ライス…87
納豆カルボナーラ…89
サケ寿司…89
きちんと定番ナポリタン…90
バターしょうゆライス…91
きのこのチーズリゾット…92
アヒ・ポキ丼…93
ツナマヨごはん…93
刺身昆布茶〆茶漬け…94
天かすにぎり…95
牡蠣のオイル漬け…104
サバタマネギ…105
かんたんローストポーク…106
豚とレタスのレモン鍋…107
伊勢うどん風ヘルシーぶっかけうどん…108
ベトナム炒め…109

シーフードミックスのアヒージョ…110
ニンジンのはちみつレモン酢漬け…112
丸ごとガーリックトースト…113
塩辛トマトパスタ…114
牛モモミルク煮…115
かんたんチョリソー…116
鶏肉と小松菜のサッと煮…117

焼酎によく合う

焼き油揚げ…16
焼きトマト…17
タルタル半熟卵…18
しらたきの中華風ペペロンチーノ…19
バカウマ野菜炒め…20
塩ゴマ冷や奴…21
みそコーンバター…21
トマトとキャベツのポン酢しょうゆ…22
豚肉のケチャップソース炒め…23
雷豆腐ステーキ…23
パリパリしらすチーズ焼き…25
小松菜のフローズンおひたし…25
鮭の焼きびたし…26
豚肉のたまご煮…26
塩ゴマキャベツ…27
キムやっこ…27
温泉風卵…27
手作りなめたけ…28
鮭トバの酒びたし…28
うめわさび…29
おかかタマネギ…29
海苔の佃煮…29
トマトと牛肉の炒め…32
湯豆腐…33
タコのマリネ…34
チーズベジタブル…35
まるごと焼きピーマン…36
豚肉みそ焼き…37
野菜スティックヨーグルトソース…37
ブリの照り焼き…38
ニラのおひたし…39
中華風コーンスープ…39
紅ショウガのかき揚げ…40
トマトエッグ…40
しっとり卵サラダ…41
鮭のマヨネーズ焼き…42
ししとうじゃこ炒め…42
梅酒うめきゅう…43
ぶなん炒め…43
ピリ辛こんにゃく…43
フライパンで焼きリンゴ…44
特濃水きりヨーグルト…45
即席リンゴジャム…45
ヘルシータラコディップ…48
マヨ缶ディップ…49
揚げないハッシュポテト…50
超かんたんチャーシュー…51
粥しゃぶ…53
とり天…54
塩辛バーニャカウダ…55
砂肝のガリガリごりごり炒め…55
ブロッコリーとポテトの塩辛マヨネーズ…56
餃子せんべい…57
もやしナムル…57
五色納豆…57
カレーフォンデュ…58
ジューシーゆで鶏…59
牛肉のまきまきステーキ…59
凍りトマト…60
バナナのスイートグラタン…60
手作りリコッタチーズ…61
カプレーゼ…61
酢鶏…64
鶏からの南蛮漬け…65
鶏からあげの甘辛煮…65
アジフィレオサラダ…66
アジフライのチーズ焼き…67
がっつりアジフライ丼…67
コロッケサンド…68
コロッケスープ…69
告白オムレツ…69
もちチーズ焼き…70
もち豚鍋…71
からみもち…71
とり白菜鍋…72
塩昆布白菜…73
白菜のクリーム煮…73
長ネギのポトフ…74
長ネギ焼き…75
ネギたっぷり焼きみそ…75
豚と大根のスライス鍋…76
ツナと大根のさっぱりサラダ…77
大根のはちみつ漬け…77
山芋どうふ…78
ゆかり山芋…79
クリームチーズの塩辛和え…81
クリーミートマトガーリック…81
アボカドソテー…82
アボカドトースト…83
アボカドのクリームチーズ和え…83
炒めない焼きうどん…86
半熟チキン卵ライス…87

超半熟ぜいたく卵かけごはん…88
納豆カルボナーラ…89
サケ寿司…89
きちんと定番ナポリタン…90
バターしょうゆライス…91
サーファー麺…91
アヒ・ポキ丼…93
ツナマヨごはん…93
刺身昆布茶〆茶漬け…94
天かすにぎり…95
牡蠣のオイル漬け…104
サバタマネギ…105
かんたんローストポーク…106
豚とレタスのレモン鍋…107
伊勢うどん風ヘルシーぶっかけうどん…108
ベトナム炒め…109
シーフードミックスのアヒージョ…110
油揚げのばくだん…111
ニンジンのはちみつレモン酢漬け…112
丸ごとガーリックトースト…113
塩辛トマトパスタ…114
牛モモミルク煮…115
かんたんチョリソー…116
鶏肉と小松菜のサッと煮…117

日本酒によく合う

焼き油揚げ…16
バカウマ野菜炒め…20
塩ゴマ冷や奴…21
みそコーンバター…21
雷豆腐ステーキ…23
小松菜のフローズンおひたし…25
鮭の焼きびたし…26
塩ゴマキャベツ…27
キムやっこ…27
温泉風卵…27
手作りなめたけ…28
鮭トバの酒びたし…28
うめわさび…29
おかかタマネギ…29
海苔の佃煮…29
湯豆腐…33
タコのマリネ…34
ブリの照り焼き…38
ニラのおひたし…39
ナスの浅炊き…41
梅酒うめきゅう…43
ぶなん炒め…43
特濃水きりヨーグルト…45
ヘルシータラコディップ…48
マヨ缶ディップ…49
粥しゃぶ…53
塩辛バーニャカウダ…55
餃子せんべい…57
もやしナムル…57
五色納豆…57
トマトの煮びたし…58
凍りトマト…60
バナナのスイートグラタン…60
手作りリコッタチーズ…61
鶏からの南蛮漬け…65
がっつりアジフライ丼…67
コロッケサンド…68
もちチーズ焼き…70
もち豚鍋…71
からみもち…71
とり白菜鍋…72
塩昆布白菜…73
長ネギ焼き…75
ネギたっぷり焼きみそ…75
豚と大根のスライス鍋…76
山芋どうふ…78
ゆかり山芋…79
山芋ソテー…79
塩昆布クリームチーズ…80
クリームチーズの塩辛和え…81
アボカドトースト…83
炒めない焼きうどん…86
半熟チキン卵ライス…87
超半熟ぜいたく卵かけごはん…88
納豆カルボナーラ…89
サケ寿司…89
バターしょうゆライス…91
きのこのチーズリゾット…92
アヒ・ポキ丼…93
ツナマヨごはん…93
刺身昆布茶〆茶漬け…94
天かすにぎり…95
豚とレタスのレモン鍋…107
伊勢うどん風ヘルシーぶっかけうどん…108
油揚げのばくだん…111
丸ごとガーリックトースト…113
鶏肉と小松菜のサッと煮…117

調理方法一覧(主要)

◎冷凍する

小松菜のフローズンおひたし…25
凍りトマト…60

◎のせる

塩ゴマ冷ややっこ…21
キムやっこ…27
おかかタマネギ…29
カプレーゼ…61
山芋どうふ…78
塩昆布クリームチーズ…80
クリームチーズの塩辛和え…81
超半熟ぜいたく卵かけごはん…88
アヒ・ポキ丼…93

◎混ぜる・あえる

トマトとキャベツのポン酢しょうゆ…22
塩ゴマキャベツ…27
うめわさび…29
タコのマリネ…34
野菜スティックヨーグルトソース…37
しっとり卵サラダ…41
梅酒うめきゅう…43
ヘルシータラコディップ…48
マヨ缶ディップ…49
塩辛バーニャカウダ…55
ブロッコリーとポテトの塩辛マヨネーズ…56
もやしナムル…57
五色納豆…57
ラッシー…61
鶏からの南蛮漬け…65
アジフィレオサラダ…66
塩昆布白菜…73
ネギたっぷり焼きみそ…75
ツナと大根のさっぱりサラダ…77
クリーミートマトガーリック…81
アボカドのクリームチーズ和え…83
炒めない焼きうどん…86
納豆カルボナーラ…89
サケ寿司…89
バターしょうゆライス…91
ツナマヨごはん…93
天かすにぎり…95
伊勢うどん風ヘルシーぶっかけうどん…108
塩辛トマトパスタ…114

◎炒める

しらたきの中華風ペペロンチーノ…19
バカウマ野菜炒め…20
みそコーンバター…21
豚肉のケチャップソース炒め…23
トマトと牛肉の炒め…32
チーズベジタブル…35
キャベツのコンビーフ炒め…41
ししとうじゃこ炒め…42
ぶなん炒め…43
ピリ辛こんにゃく…43
砂肝のガリガリごりごり炒め…55
酢鶏…64
半熟チキン卵ライス…87
きちんと定番ナポリタン…90
ベトナム炒め…109
牛モモミルク煮…115
かんたんチョリソー…116

◎焼く(フライパン)

焼き油揚げ…16
雷豆腐ステーキ…23
パリパリしらすチーズ焼き…25
鮭の焼きびたし…26
豚肉みそ焼き…37
ブリの照り焼き…38
フライパンで焼きリンゴ…44
揚げないハッシュポテト…50
明太ジャガチーズ…56
牛肉のまきまきステーキ…59
告白オムレツ…69
山芋ソテー…79
アボカドソテー…82
油揚げのばくだん…111

◎焼く(オーブントースター)

焼き油揚げ…16
焼きトマト…17
パリパリしらすチーズ焼き…25
まるごと焼きピーマン…36
トマトエッグ…40

鮭のマヨネーズ焼き…42
餃子せんべい…57
バナナのスイートグラタン…60
アジフライのチーズ焼き…67
がっつりアジフライ丼…67
コロッケサンド…68
もちチーズ焼き…70
からみもち…71
長ネギ焼き…75
ネギたっぷり焼きみそ…75
アボカドトースト…83
サバタマネギ…105
かんたんローストポーク…106

◎焼く(魚焼きグリル)

焼き油揚げ…16
餃子せんべい…57
もちチーズ焼き…70
からみもち…71
長ネギ焼き…75

◎ゆでる

タルタル半熟卵…18
トマトとキャベツのポン酢しょうゆ…22
ブロッコリーのアーリオオーリオ…24
ニラのおひたし…39
しっとり卵サラダ…41
ブロッコリーとポテトの塩辛マヨネーズ…56
もやしナムル…57
ゆで鶏…59
超半熟ぜいたく卵かけごはん…88
納豆カルボナーラ…89
きちんと定番ナポリタン…90
サーファー麺…91
伊勢うどん風ヘルシーぶっかけうどん…108
塩辛トマトパスタ…114

◎煮る

豚肉のたまご煮…26
湯豆腐…33
中華風コーンスープ…39
ナスの浅炊き…41
粥しゃぶ…53
カレーフォンデュ…58
トマトの煮びたし…58
鶏からあげの甘辛煮…65
コロッケスープ…69
もち豚鍋…71
とり白菜鍋…72
白菜のクリーム煮…73
長ネギのポトフ…74
豚と大根のスライス鍋…76
シーフードミックスのアヒージョ…110
牛モモミルク煮…115
鶏肉と小松菜のサッと煮…117

◎煮つめる

手作りなめたけ…28
海苔の佃煮…29
即席リンゴジャム…45
鶏のコーラ煮…52
きのこのチーズリゾット…92
塩辛トマトパスタ…114

◎蒸す

豚とレタスのレモン鍋…107

◎揚げる

紅ショウガのかき揚げ…40
とり天…54
丸ごとガーリックトースト…113

◎放置する

温泉風卵…27
鮭トバの酒びたし…28
特濃水きりヨーグルト…45
超かんたんチャーシュー…51
ジューシーゆで鶏…59
手作りリコッタチーズ…61
鶏からの南蛮漬け…65
大根のはちみつ漬け…77
ゆかり山芋…79
刺身昆布茶〆茶漬け…94
牡蠣のオイル漬け…104
ニンジンのはちみつレモン酢漬け…112

材料別一覧(主要)

【肉】

◎鶏ムネ肉
ジューシーゆで鶏…59

◎鶏モモ肉
とり天…54
とり白菜鍋…72
半熟チキン卵ライス…87
鶏肉と小松菜のサッと煮…117

◎鶏手羽元
鶏のコーラ煮…52

◎砂肝
砂肝のガリガリごりごり炒め…55

◎豚こま切れ肉・豚バラ薄切り肉
バカウマ野菜炒め…20
豚肉のケチャップソース炒め…23
豚肉のたまご煮…26
もち豚鍋…71
豚と大根のスライス鍋…76
炒めない焼きうどん…86
豚とレタスのレモン鍋…107

◎豚バラブロック肉
超かんたんチャーシュー…51

◎豚肩ロースブロック肉
かんたんローストポーク…106

◎牛こま切れ肉・牛バラ薄切り肉
トマトと牛肉の炒め…32
牛肉のまきまきステーキ…59
ベトナム炒め…109

◎牛モモ薄切り肉
牛モモミルク煮…115

◎ハム・ベーコン
ぶなん炒め…43
長ネギのポトフ…74
山芋ソテー…79
きのこのチーズリゾット…92

◎ウインナー・ソーセージ
きちんと定番ナポリタン…90
かんたんチョリソー…116

【魚介類】

◎ブリ
ブリの照り焼き…38

◎生鮭
鮭の焼きびたし…26
鮭のマヨネーズ焼き…42

◎マグロ
アヒ・ポキ丼…93

◎タコ
タコのマリネ…34

◎タラコ・辛子明太子
ヘルシータラコディップ…48
明太ジャガチーズ…56

◎しらす干し・ちりめんじゃこ
パリパリしらすチーズ焼き…25
ししとうじゃこ炒め…42

◎刺身
粥しゃぶ…53
刺身昆布茶〆茶漬け…94

◎鮭フレーク
サケ寿司…89

【卵・乳製品】

◎卵
タルタル半熟卵…18
豚肉のたまご煮…26
温泉風卵…27
トマトエッグ…40
しっとり卵サラダ…41
告白オムレツ…69
半熟チキン卵ライス…87
超半熟ぜいたく卵かけごはん…88
納豆カルボナーラ…89

◎卵黄
ニラのおひたし…39
アヒ・ポキ丼…93

◎卵白
中華風コーンスープ…39

◎牛乳
手作りリコッタチーズ…61
カプレーゼ…61
ラッシー…61

◎ヨーグルト
野菜スティックヨーグルトソース…37
特濃水きりヨーグルト…45

◎スライスチーズ
パリパリしらすチーズ焼き…25
チーズベジタブル…35
明太ジャガチーズ…56
アジフライのチーズ焼き…67
もちチーズ焼き…70
アボカドトースト…83
納豆カルボナーラ…89

◎クリームチーズ
塩昆布クリームチーズ…80
クリームチーズの塩辛和え…81
クリーミートマトガーリック…81
アボカドのクリームチーズ和え…83

【野菜・果物】

◎白菜
もち豚鍋…71
とり白菜鍋…72
塩昆布白菜…73
白菜のクリーム煮…73

◎ネギ
湯豆腐…33
豚肉みそ焼き…37
五色納豆…57
長ネギのポトフ…74
長ネギ焼き…75
ネギたっぷり焼きみそ…75
豚と大根のスライス鍋…76
超半熟ぜいたく卵かけごはん…88
納豆カルボナーラ…89
サーファー麺…91
アヒ・ポキ丼…93
油揚げのばくだん…111

◎大根
塩辛バーニャカウダ…55
からみもち…71
豚と大根のスライス鍋…76
ツナと大根のさっぱりサラダ…77
大根のはちみつ漬け…77

◎山芋
山芋どうふ…78
ゆかり山芋…79
山芋ソテー…79

◎アボカド
アボカドソテー…82
アボカドトースト…83
アボカドのクリームチーズ和え…83

◎キャベツ
トマトとキャベツのポン酢しょうゆ…22
塩ゴマキャベツ…27
キャベツのコンビーフ炒め…41
コロッケサンド…68
炒めない焼きうどん…86

◎キュウリ
しっとり卵サラダ…41
梅酒うめきゅう…43
塩辛バーニャカウダ…55
ツナと大根のさっぱりサラダ…77

◎タマネギ
タルタル半熟卵…18
おかかタマネギ…29
タコのマリネ…34
しっとり卵サラダ…41
炒めない焼きうどん…86
半熟チキン卵ライス…87
きちんと定番ナポリタン…90
サーファー麺…91
きのこのチーズリゾット…92
アヒ・ポキ丼…93
牛モモミルク煮…115

◎トマト
焼きトマト…17
トマトとキャベツのポン酢しょうゆ…22
トマトと牛肉の炒め…32
トマトエッグ…40
トマトの煮びたし…58
凍りトマト…60
カプレーゼ…61

ツナマヨごはん…93

◎ナス
ナスの浅炊き…41

◎しし唐辛子
ししとうじゃこ炒め…42

◎ピーマン
まるごと焼きピーマン…36
きちんと定番ナポリタン…90

◎もやし
もやしナムル…57

◎ブロッコリー
ブロッコリーのアーリオオーリオ…24
ブロッコリーとポテトの塩辛マヨネーズ…56

◎ニンジン
塩辛バーニャカウダ…55
ニンジンのはちみつレモン酢漬け…112

◎小松菜
小松菜のフローズンおひたし…25
鶏肉と小松菜のサッと煮…117

◎ジャガイモ
揚げないハッシュポテト…50
ブロッコリーとポテトの塩辛マヨネーズ…56
明太ジャガチーズ…56

◎セロリ
塩辛バーニャカウダ…55

◎レモン
もやしナムル…57
手作りリコッタチーズ…61
豚とレタスのレモン鍋…107
ニンジンのはちみつレモン酢漬け…112

◎シソ（大葉）
豚肉みそ焼き…37
牛肉のまきまきステーキ…59

◎ニラ
ニラのおひたし…39

◎にんにく
砂肝のガリガリごりごり炒め…55
丸ごとガーリックトースト…113

◎きのこ類
ぶなん炒め…43
きのこのチーズリゾット…92

◎バナナ
バナナのスイートグラタン…60

◎リンゴ
フライパンで焼きリンゴ…44
即席リンゴジャム…45

【豆腐類・海藻類】

◎豆腐
塩ゴマ冷ややっこ…21
雷豆腐ステーキ…23
キムやっこ…27
湯豆腐…33
山芋どうふ…78

◎納豆
五色納豆…57
納豆カルボナーラ…89
油揚げのばくだん…111

◎油揚げ
焼き油揚げ…16
油揚げのばくだん…111

◎海苔
海苔の佃煮…29
五色納豆…57

【主食】

◎もち
もちチーズ焼き…70
もち豚鍋…71
からみもち…71

◎パスタ
納豆カルボナーラ…89
きちんと定番ナポリタン…90
塩辛トマトパスタ…114

◎うどん
炒めない焼きうどん…86
伊勢うどん風ヘルシーぶっかけうどん…108

◎そうめん
サーファー麺…91

◎パン
マヨ缶ディップ…49
カレーフォンデュ…58
コロッケサンド…68
アボカドトースト…83

◎ごはん
がっつりアジフライ丼…67
半熟チキン卵ライス…87
超半熟卵かけごはん…88
サケ寿司…89
バターしょうゆライス…91
きのこのチーズリゾット…92
アヒ・ポキ丼…93
ツナマヨごはん…93
刺身昆布茶〆茶漬け…94
天かすにぎり…95

【缶詰】

◎ツナ缶
マヨ缶ディップ…49
五色納豆…57
ツナと大根のさっぱりサラダ…77
サーファー麺…91
ツナマヨごはん…93

◎サバの水煮缶
マヨ缶ディップ…49
サバタマネギ…105

◎コーン缶
みそコーンバター…21
中華風コーンスープ…39

◎コンビーフ缶
キャベツのコンビーフ炒め…41

◎トマト水煮缶
塩辛トマトパスタ…114

【漬け物】

キムやっこ…27
紅ショウガのかき揚げ…40
五色納豆…57
ベトナム炒め…109

【冷凍食品】

◎ミックスベジタブル
チーズベジタブル…35
告白オムレツ…69

◎洋風野菜ミックス
カレーフォンデュ…58

◎シーフードミックス
シーフードミックスのアヒージョ…110

◎牡蠣
牡蠣のオイル漬け…104

【市販のお総菜】

◎鶏のからあげ
酢鶏…64
鶏からの南蛮漬け…65
鶏からあげの甘辛煮…65

◎アジフライ
アジフィレオサラダ…66
アジフライのチーズ焼き…67
がっつりアジフライ丼…67

◎コロッケ
コロッケサンド…68
コロッケスープ…69
告白オムレツ…69

家《いえ》呑《の》み道場

発行日　2012年10月15日　第1刷

Author　給食系男子

Book Design　金井久幸　野口里子(TwoThree)
Photograph　平沼久奈
Illustration　うめ(小沢高広・妹尾朝子)
Title calligraphy　富永泰弘

Publication　株式会社ディスカヴァー・トゥエンティワン
〒102-0093　東京都千代田区平河町2-16-1 平河町森タワー11F
TEL　03-3237-8321(代表)
FAX　03-3237-8323
http://www.d21.co.jp

Publisher　干場弓子
Editor　千葉正幸

Marketing Group
Staff　小田孝文　中澤泰宏　片平美恵子　井筒浩　千葉潤子　飯田智樹
佐藤昌幸　谷口奈緒美　山中麻吏　古矢薫　鈴木万里絵　伊藤利文
米山健一　原大士　郭迪　蛯原昇　中山大祐　林拓馬　本田千春

Assistant Staff　俵敬子　町田加奈子　丸山香織　小林里美　井澤徳子　橋詰悠子
古後利佳　藤井多穂子　藤井かおり　福岡理恵　葛目美枝子　田口麻弓
佐竹祐哉　松石悠　小泉和日

Operation Group
Staff　吉澤道子　松尾幸政　福永友紀
Assistant Staff　竹内恵子　熊谷芳美　清水有基栄　小松里絵　川井栄子　伊藤由美

Productive Group
Staff　藤田浩芳　原典宏　林秀樹　石塚理恵子　三谷祐一　石橋和佳
大山聡子　徳瑠里香　堀部直人　井上慎平　田中亜紀　大竹朝子
堂山優子　山﨑あゆみ　伍佳妮　リーナ・バールカート

Digital Communication Group
Staff　小関勝則　中村郁子　西川なつか　松原史与志

構成・編集協力　島影真奈美　松浦達也(馬場企画)
スタイリング協力　澁川祐子
撮影協力　スタジオフーズ
Special Thanks　奥谷摂子　鹿毛康司　上山陽介　関由佳　髙梨亜里　田口沙織
山田一郎(敬称略・五十韻順)
日本BBQ協会　廣瀬農園　べにや民芸店　炭ガールズ
イベントご来場&『家メシ道場』読者のみなさんをはじめ、すべての友人・家族たち

Proofreader　SORA企画
Printing　大日本印刷株式会社

ISBN978-4-7993-1233-9